KB149501

진짜 원하는 인생을 사는
43가지 방법

진짜 원하는
인생을 사는
43가지 방법

나는 무엇을
잘할 수
있을까?

임재성 지음

평단

꿈을 품어라.
꿈이 없는 사람은 아무런 생명력도 없는 인형과 같다.
— 발타자르 그라시안(Balthasar Gracian), 스페인의 작가

칠흑같이 캄캄한 길을 걸어본 적 있는가? 아무것도 보이지 않아 한 발자국도 내딛지 못하는 길 말이다. 요즘은 시골의 뒷골목도, 산속 산책길도 가로등이 길을 환히 밝혀주어 어두운 길에 대해 이해하기 힘들 것이다. 그런데 MZ세대는 칠흑같이 어두운 길을 걸어가야 한다.

이는 우리가 사는 시대를 '뷰카(VUCA)의 시대'라 말하는 것을 보면 알 수 있다. 뷰카는 '변동성'(Volatility), '불확실성'(Uncertainty), '복잡성'(Complexity), '모호성'(Ambiguity)의 앞글자를 딴 말이다. 그야말로 한 발자국 앞도 분간하기 어려운 것이 이 시대이다. 이런 시대에 청소년들은 지금 무엇을 준비하며 나아가야 할지 진지하게 살필 수 있어야 한다.

2014년 대학교 1학년 신입생은 모두 29만 4,855명이라고 한다.

그중 휴학이나 자퇴로 학교에 다니지 않는 학생이 17.2퍼센트인 5만 779명에 달한다. 대학 측은 대부분이 반수생이라고 밝혔다. 조금이라도 더 좋은 대학에 진학하기 위해 휴학이나 자퇴를 선택한 것이다. 이는 2014년만이 아니라 2017년에도 다르지 않았다. SBS에서 '대2병'이라는 다큐멘터리가 방영되었는데 이때는 더 많은 비율의 학생이 반수, 휴학, 자퇴, 전과를 위해 학교를 나오지 않았다. 대학수학능력시험 만점자도 '대2병'에 걸려 힘들어했다. '대2병'은 미래에 대한 불안감 때문에 자신감과 자존감이 밑바닥을 찍는 상대를 말한다. 자신이 누구이며, 무엇을 위해 살아야 하는지, 진짜 원하는 삶을 몰라서 생긴 현상이다.

이는 유치원을 제외하더라도 무려 12년을 공부한 대가치고는 매우 부끄러운 수치이다. 좋은 학벌과 좋은 스펙을 좇는 우리 사회의 민낯을 그대로 보여준 현상이라고 말할 수 있다. 이제는 자신이 무엇을 좋아하고 어떤 일을 하고 싶은지 진지하게 묻고 답을 찾아야 하는 시대이다. 단순히 좋은 학벌과 좋은 스펙만으로는 진로와 취업의 갈증을 해소할 수 없기 때문이다. 또한 안정적인 직업을 가졌다고 해서 삶의 의미와 보람을 찾기는 어렵다. 자신이 원하는 삶의 목적에 따른 직업을 선택해야 진짜로 원하는 인생을 찾았다고 이야기할 수 있다.

몇 해 전 유망했던 직업은 과학기술의 발달로 사라지는 운명을 맞이하고 새로운 직업은 날로 늘어나고 있다. 단순반복형 일자리는 인공지능에 이미 빼앗겼다. 그러므로 급격하게 변화하는 시대에 걸맞게 자신의 적성을 살피고 진로를 디자인하는 작업이 필요하다. 수없이 묻고 답하며 자신이 원하는 삶을 생각해야 한다. 그런 노력이 뒷받침된다면 대학에 들어가자마자 휴학, 자퇴, 반수, 전과, 자퇴를 하는 일은 없을 것이다.

청소년들은 자신이 하고 싶은 것과 관련된 직업을 얼마나 많이 알고 있을까? 그래서 이 책에서는 단순히 직업정보만 나열하지 않고, 자신이 평소에 좋아하는 분야와 관련된 직업정보를 찾아볼 수 있도록 했다. 또한 그와 관련된 직업인이 되기 위해서 어떤 능력과 재능이 필요한지를 수록했다. 직업 탐구로 다양한 직업을 만나보고 원하는 직업에 자연스럽게 다가가도록 한 것이다.

그러나 하고 싶은 것과 관련된 직업을 찾아도 그것을 이루어가는 방법을 모르면 소용이 없다. 목적지를 알아도 그곳으로 가는 효과적인 방법을 모르면 원하는 곳에 도착하기 힘들다. 따라서 그런 어려움을 해소하기 위해 진로를 설계하고 이루어가는 데 필요한 덕목들을 함께 다루었다. 삶의 태도와 성장하는 습관, 바람직한 인성의 중요성, 인생을 살아가면서 가장 중요하게 여겨야 할 의미까지 이야기하며 청소년이 균형 잡힌 가치를 습득할 수 있도록 했다. 균형 잡힌 가치가 삶에 단단히 뿌리내렸을 때라야 내가 진짜로 원하는 인생을 살아갈 수 있다.

칠흑 같은 어둠 속에도 작은 촛불 하나가 밤하늘의 별처럼 어둠을 뚫고 나아가게 한다. 부족하지만 이 책이 뷰카(VUCA)의 시대에 청소년들의 미래를 밝혀줄 환한 등대가 되기를 간절히 소망한다.

이 땅의 청소년들이 꿈의 열매를 맺게 되기를 소망하며

임재성

Part 4

성장하는 습관을 길러라

Part 5

실력보다 인성이 더 중요한 시대

····· Part 6

조금이라도
의미 있는 삶을
살아라

Part 1

진로는
원하는 것 찾기로
시작하라

이 세상에서 가장 훌륭한 질문

이 세상에서 가장 훌륭한 질문은 바로 이것이다.

"내가 이 세상에 살면서 잘할 수 있는 것은 무엇일까? 무엇을 할 때 행복할까?"

– 벤저민 프랭클린(Benjamin Franklin), 미국의 과학자 겸 정치인

어렸을 때 '매일 놀기만 해도 돈이 저절로 생기면 좋겠다'는 생각을 한 적이 있다. 돈을 벌려고 노력하지 않아도 필요할 때면 돈이 척척 벌리는 그런 직업이나 일 말이다. 허황된 것 같지만 그런 상상에 흐뭇한 미소를 짓곤 했다.

그런데 어른이 되어보니 일을 하지 않고는 살아갈 수 없다는 것을 느꼈다. 단순히 돈을 버는 목적만이 아니다. 사람은 일을 해야 성취감을 얻고 보람도 느낀다. 새로운 발명으로 세상을 좋은 쪽으로

변화시킬 수 있고, 도움이 필요한 사람을 위해 자신의 능력을 사용할 수도 있다. 각자 영역에서 일하며 뿌듯함을 느끼고 자신의 존재감을 확인하기도 한다.

'날마다 놀고먹으면 더 좋지 않을까?'라고 생각하는 청소년이 있을지 모르겠다. 하지만 노는 일이 매일 반복된다고 생각해보라. 그것만큼 지겨운 일은 없을 것이다. 자신이 하고 싶은 일을 하며 성취감도 느끼고 삶의 의미도 찾다가 얻는 휴식이야말로 의미가 있다. 휴가도 매일 다니면 싫증이 난다. 그래서 사람은 직업을 갖고 일을 해야 한다.

청소년기에 힘들게 공부하는 이유가 무엇인가? 훗날 자신이 원하는 직업을 갖기 위해서이다. 조금이라도 안정되고 돈도 많이 벌고 존경도 받으며 고생을 덜 하기 위해서이다. 좋은 대학을 가려고 하는 것도 자세히 살펴보면 조금이라도 좋은 직장을 얻기 위한 목적이 있다. 그렇기에 청소년 시기부터 훗날 어떤 일을 하며 살아갈 것인지 잘 생각해야 한다.

그러나 많은 청소년이 자신이 하고 싶은 일을 찾지 못하고 있다. 사회가 불안정하다 보니 안정적으로 돈을 많이 버는 직업만 찾는 현실 속에서 모두가 하나의 꿈을 향해 나아가는 것 같다. 자신이 진정으로 원하는 일보다는 사회와 부모가 원하는 직업에만 관심을 둔다. 이것은 자기 삶의 목적지가 어딘지도 모른 채 남들이 가는 길을 따라가는 것과 다를 바 없다. 일찍이 중국의 사상가 맹자(孟子)는 이런 일을 경계했다.

"분명한 이해 없이 행동하고, 생각 없이 습관을 만들고, 어디로 가는지도 모른 채 모두가 가는 길을 맹목적으로 따라가는 것은 군중이 하는 행동이다."

군중은 휩쓸려 다니는 사람을 말한다. 자기 의지와 상관없이 주변 사람이 움직이면 무작정 따라다니는 사람이다. 맹자는 그런 사람은 자신에 대해 이해하려고 하지도 않고 아무런 생각 없이 살아가는 사람이라고 일축한다.

어디로 가야 할지 모르면 무엇을 어떻게 준비해야 할지도 알 수 없다. 고등학교에 진학할 때면 여러 갈래 길 중 하나를 선택해야 한다. 대학교에 진학할 때는 더 많은 인생의 갈림길 앞에 놓이게 된다. 셀 수도 없이 다양한 진로 앞에서 원하는 길을 모른다면 그냥 성적에 맞춰서, 아니면 누군가 이끄는 대로 따라갈 수밖에 없다. 운 좋게 남들이 부러워하는 대학에 진학하는 사람도 있을 것이다. 하지만 뚜렷한 목적지가 없다면 어디로 가는지도 모른 채 눈에 좋아 보이는 버스에 오른 것과 다를 바 없다. 따라서 자신이 원하는 인생이 무엇인지에 관심을 두어야 한다.

자기가 어디로 가고 있는지를 아는 사람은
세상 어디를 가더라도 길을 발견한다.
– 데이비드 스타 조던(David Starr Jordan), 미국의 생물학자

사회나 부모, 누군가가 의도하는 대로 따라가는 삶을 살지 않으려면 스스로에게 질문을 던져야 한다. "내가 이 세상에 살면서 잘할 수 있는 것은 무엇일까?" 이 질문에 명확한 답을 찾는다면 자신이 원하는 일을 하며 살아갈 수 있다.

자신이 좋아하는 것, 하고 싶은 것, 이루고 싶은 것이 무엇인지 알아야 원하는 직업을 찾을 수 있다. 자신의 특성을 알지 못한 채 직업을 선택하면 일을 통한 보람도, 의미도, 성취감도, 행복감도 느끼기 어렵다. 좋은 성적으로 대학을 가고 안정된 직업을 갖더라도 자신이 원하는 일이 아니면 행복하지 않다. 투덜거리며 어쩔 수 없이 일해야 할지도 모른다. 자신이 어떤 사람인지, 자신이 잘할 수 있는 것은 무엇인지 찾는 것이 원하는 인생의 길을 발견하는 지름길이다.

지금 당장 어디로 가야 할지 인생의 목적지를 정하기는 쉽지 않다. 그래서 끊임없이 자신에게 질문하고 답을 찾아야 한다. 훗날 무엇을 위해 살지, 창업을 할지 아니면 취업을 할지, 어느 기업에서 어떤 업무를 담당하고 싶은지 등등.

배가 망망대해로 나아가도 목적지가 확실하면 막힘없이 전진한다. 하지만 목적지가 분명하지 않으면 표류하게 된다. 둘 다 엔진을 가동하고 어디론가 향하는 것은 같으나 그 결과는 완전히 달라진다. 지금 여러분의 삶도 마찬가지다. 어디로 가야 하는지 알지 못하면 결국 원치 않은 길로 가게 된다는 사실을 기억해야 한다.

다음은 여러 가지 심리검사로 자신이 어떤 사람인지 알 수 있도록 도와주는 사이트이다. 각종 검사를 해서라도 자신의 특성을 발견하기 바란다. 그래야 자기 길을 발견할 수 있다.

내가 좋아하는 것은 무엇일까?

온라인 심리검사로 내 마음을 알아보자!

구분	심리검사	대상	검사 사이트
흥미	직업흥미검사	중 · 고등학생	워크넷 www.work.go.kr 커리어넷 www.career.go.kr
	심리검사	초 · 중 · 고등학생	한국적성연구소 www.jstest.kr
	홀랜드 진로탐색검사	중 2~고등학생	한국가이던스 www.guidance.co.kr
	STRONG 진로탐색검사	중 · 고등학생	어세스타 www.assesta.com
	U&I 진로탐색검사	중 · 고등학생	연우심리연구소 www.iyonwoo.com
적성	적성검사	중 · 고등학생	워크넷 www.work.go.kr
	직업적성검사	중 · 고등학생	커리어넷 www.career.go.kr

성격	직업인성검사	중 · 고등학생	워크넷 www.work.go.kr
	MBTI 성격유형검사	중 · 고등학생	어세스타 www.assesta.com
	U&I학습(성격) 유형검사	중 · 고등학생	연우심리연구소 www.iyonwoo.com
지능	다중지능검사	초~고등학생	다중지능연구소 www.multiiq.com
가치관	직업가치관검사	만 15세 이상	워크넷 www.work.go.kr
		중 · 고등학생	커리어넷 www.career.go.kr

좋아하는 일을 알려면

당신이 좋아하는 일을 알려면, 당신이 좋아해야 한다고
세상이 말해주는 것을 그대로 받아들이지 말고 당신의 영혼이
늘 깨어 그것을 찾아야 한다.

— 로버트 루이스 스티븐슨(Robert Louis Stevenson), 영국의 작가

나는 30대 후반이 되어서야 좋아하는 일을 찾았다. 젊은 시절, 대기업도 다니고 사업도 해보았지만 일에서 진정한 즐거움을 느끼지는 못했다. 마지못해 일해야 했다. 출근할 것을 생각하면 아침에 눈 뜨는 것조차 싫을 때도 있었다. 사업을 할 때도 다를 것이 없었다. 많은 사람이 꿈꾸는 개인 사업도 했지만 일에서 얻는 보람이나 기쁨은 없었다. 그러다 보니 삶도 활기가 넘치지 않았다.

그러다 우연히 학생들을 대상으로 독서지도를 할 기회가 생겼다.

학생들의 자서전 쓰기를 봐주는 일이었다. 그렇게 자서전 쓰기를 돕다가 나도 직접 내 삶의 이야기를 써보기로 했다. 묻혀 버릴 이야기를 글로 써보니 어린 시절의 삶이 보였다. 그 이야기를 내 아이에게 전해주고 싶어 더 생생하게 글로 남겼다. 모두가 힘들다고 아우성치는 글쓰기가 난 재미있었다.

글쓰기가 좋아지자 곧 작가의 꿈을 키웠다. 내 이름으로 된 책을 내고 싶었다. 그 꿈을 품은 후 얼마 되지 않아 작가의 꿈을 이루었다. 2015년까지 10권을 출간하고 싶다는 소원은 이미 이루고 벌써 20권이 넘는 책을 출간했다. 돈벌이를 떠나서 글 쓰는 일이 좋다. 나름대로 보람이 있다. 내가 쓴 글이 누군가의 삶에 의미를 부여하고 도움을 줄 수 있다는 것이 뿌듯하다. 좋아하는 일을 하고 성취감도 느낄 수 있으니 일거양득이다. 그래서 글쓰기를 즐거운 마음으로 하고 있다.

좋아하는 일을 발견하려면 스티븐슨의 말대로 영혼이 늘 깨어 있어 그것을 찾아야 한다. 거창하게 생각할 필요 없이 여러분이 평소 생활하는 모습에서 발견할 수 있다. 마트에 가면 제일 먼저 달려가는 코너는 어디인지, 서점에 가면 어떤 분야의 책을 유심히 살펴보는지, 학교에서 가장 좋아하는 과목은 무엇인지, 방과 후 특별히 관심을 가지고 배우는 것은 무엇인지, 유튜브에서 자주 검색하는 동영상은 무엇인지 등을 관찰하면 공통점을 발견할 수 있다. 그렇게 발견한 공통분모가 여러분이 좋아하는 일이다. 그 일과 관련된 직업 정보를 꼼꼼히 따지며 할 수 있는 일을 찾으면 된다. 그것이 훗날 직업으로 연결된다.

> 좋아하는 일을 직업으로 삼아라. 그럼 평생 억지로 일할
> 필요가 없다.
> – 중국 속담

《바람의 딸, 걸어서 지구 세 바퀴 반》의 저자 한비야는 긴급구호 전문가에서 현재는 월드비전 소속 국제구호활동가로 활동 중이다. 그녀가 우리나라를 넘어 전 세계를 다니며 활발하게 일할 수 있었던 것은 하고 싶고 좋아하는 일에 도전했기 때문이다.

한비야는 안정적인 홍보회사를 그만두고 어린 시절 마음에 품었던 세계 일주를 떠난다. 두 발로 걸은 거리가 지구 세 바퀴 반을 돌 정도였다. 몸은 힘들었지만 마음은 즐거웠다. 하고 싶은 일을 했기에 기쁘게 세계 오지를 탐험한 것이다.

그녀는 여행 중 가난과 전쟁, 척박한 자연환경 때문에 힘들게 사는 사람들을 보면서 그들을 도와야겠다는 마음을 품게 되었다. 그것이 계기가 되어 월드비전에서 국제구호활동가로 일하게 되었다. 봉사하는 삶을 살았지만 돈도 벌 수 있었다. 그녀가 경험한 삶을 엮어서 책으로 출간했는데 모두 베스트셀러가 되었기 때문이다. 그녀는 자신이 하고 싶은 일에서 물질적 보상도 얻고 가치 있는 일을 하

며 세계 속에 영향력을 발휘하고 있다.

청소년 중에 "저는 무엇을 해야 할지 모르겠어요"라고 고민하는 친구가 많다. 좋아하는 일을 찾지 못해서이다. 좋아하는 일을 발견하면 해야 할 일이 생긴다. 가령 작가가 되고 싶으면 책을 읽어야 한다. 습작도 꾸준히 하며 글쓰기 능력을 향상하려고 노력해야 한다. 분명 그런 과정은 즐겁고 행복할 것이다. 자기가 하고 싶고 좋아하는 일이기 때문이다.

투자의 귀재로 불리는 워런 버핏은 우리나라에서도 인기가 많다. 그는 빌 게이츠와 함께 기부문화를 선도하고 있다. 이미 많은 재산을 기부했는데, 기부한 만큼 돈도 많이 벌고 있다. 그가 컬럼비아 대학교에서 강연하는데 어떤 학생이 손을 들고 성공의 비결을 물었다. 그는 망설임 없이 이렇게 대답했다.

"돈을 많이 벌어줄 것 같은 일을 선택하지 말고, 자신이 좋아하는 일을 하십시오. 나는 운 좋게 좋아하는 일을 일찍 발견했습니다."

공자도 《논어》에서 같은 의미의 말을 전한다.

"알기만 하는 사람은 좋아하는 사람만 못하고, 좋아하는 사람은 즐기는 사람보다 못하다."

결국 성공의 요소는 자기가 하고 싶고 좋아하는 일을 찾는 것임을 알 수 있다. 여러분도 자신이 무엇을 좋아하는지 발견해보라. 그러면 하고 싶은 마음이 생기고 더 잘하게 되어 실력도 늘어난다. 전문가적인 능력이면 어딜 가도 인정을 받고 물질도 따라온다.

현재 나는 어느 위치에 있을까?

삶의 방향을 설정하려면 우선 현재 자기 삶이 어떤 상태에 있는지 파악해야 한다. 내비게이션에서 길을 찾을 때 중요한 것은 목적지가 아니라 현재 위치이다. 현재 위치를 바탕으로 목적지로 가는 경로를 파악해야 한다. 진로를 탐색하는 것도 마찬가지다. 현재 자신의 상태를 파악해야 나아갈 삶의 경로를 디자인할 수 있다. 다음 질문에 자신의 상태를 체크하면서 진로를 탐색해보자.

	현재 나의 모습	상태체크
1	목표가 없다. 하지만 이렇게 살아도 괜찮다고 생각한다.	
2	목표가 없다. 목표를 간절히 찾고 싶지만 마음대로 되지 않아 괴롭다.	
3	목표가 없다. 그렇지만 때가 되면 생길 것이기에 걱정 없다.	
4	목표가 없다. 아니, 목표에 대해 생각조차 해본 적이 없다.	
5	목표가 있다. 하지만 희미해서 어떻게 해야 할지 모르겠다.	
6	목표가 있다. 그렇지만 자주 바뀌었기에 언제 바뀔지 몰라 걱정된다.	
7	목표가 있다. 목표만 있을 뿐이지 목표를 이룰 구체적인 계획은 없다.	
8	목표가 있다. 구체적인 계획에 따라 노력하지만 성과가 없다.	
9	목표가 있다. 목표를 향해 오늘도 최선을 다해 노력하며 살아간다.	
10	목표의 필요성을 느끼지 못한다. 어차피 작심삼일로 끝난다.	

성공한 미래 모습을 마음으로 그려라

눈을 감은 사람은 손이 미치는 곳까지가 그의 세계요, 무지한
사람은 아는 것까지가 그의 세계요,
위대한 사람은 비전이 미치는 곳까지가 그의 세계이다.
— 폴 하비(Paul Harvey), 미국의 라디오 방송 진행자

두 눈을 감고 10년 후, 20년 후 삶의 모습을 떠올려보자. 무엇이
보이는가? 자기 앞날이 선명하게 보인다면 그것을 이룰 확률은 매
우 높다. 따라서 막연하게 '~이 이루어졌으면 좋겠다'고 생각하는
것보다 자기 미래의 모습을 명확한 이미지로 그리는 것이 중요하다.

뇌 전문가들은 이미지 자극은 1년 뒤에 65퍼센트가 기억으로 남
지만, 텍스트의 기억 효과는 단지 15퍼센트에 불과하다는 사실을
밝혀냈다.

이미지가 텍스트보다 메시지 전달과 그것을 각인하는 데 효과적이라는 것이다. 세계적인 비즈니스 컨설턴트이자 동기부여 전문가인 브라이언 트레이시도 같은 말을 전한다.

정신세계를 제어하기 위한 첫 번째 작업은 시각화이다. 이것은 자아개념을 바꾸는 가장 강력한 기법이다. 시각적 이미지는 욕구를 강화하고 믿음을 깊게 한다. 동시에 의지력을 향상하고 끈기를 길러준다. 꿈을 이룬 자신의 모습을 꿰뚫어 보는 능력을 '비전'이라고 한다. 아직 꿈의 길을 나서지 않았지만 이미 꿈을 이룬 모습을 마음속으로 그리는 것, 즉 자신의 미래를 시각화하는 작업이다.

미래가 선명하면 삶에 활력이 넘치고, 어려움과 실패 속에서도 쉽게 좌절하지 않는다. 뚜렷한 성공 이미지가 있으면 인생의 밑그림을 명확하게 그릴 수 있다. 그 위에 노력과 도전이라는 붓으로 색칠을 해나가며 멋진 인생을 완성하는 것이다. 특히 청소년기는 하얀 도화지에 밑그림을 그려나가는 때이다. 인생의 밑그림은 자신이 하고 싶은 일이 무엇인지, 어떤 사람이 되고 싶은지, 이뤄나가야 할 일은 무엇인지를 찾을 때 그릴 수 있다. 밑그림이 그려져야 색칠을 해도 실패할 확률이 줄고 멋진 그림을 완성할 수 있다는 것을 명심하자.

멋진 미래의 모습을 그려라. 미래를 예측하는
가장 좋은 방법은 스스로 미래를 만드는 것이다.
— 스티븐 코비(Stephen Covey), 미국의 컨설턴트

운동선수 중 많은 이가 꿈을 이루는 원리를 현실에 적용하여 경기성적을 향상한다. 그것이 바로 자기 꿈을 시각화하는 것이다. 선수들은 자신이 펼칠 경기의 모든 과정을 마음속으로 먼저 떠올린다. 그러면 우리 몸은 그것을 실전처럼 받아들여 실제로 경기에서 좋은 성과를 거둘 수 있다.

'수영의 황제'로 불리는 마이클 펠프스는 2008년 베이징 올림픽에서 8관왕, 2012년 런던 올림픽에서 4관왕을 차지할 정도로 뛰어난 실력의 소유자이다. 그가 획득한 메달은 셀 수 없을 정도로 많다. 펠프스가 수영의 황제로 거듭날 수 있었던 것은 마음속으로 꿈을 시각화한 덕분이다.

그는 매일 잠자리에 들기 전 시합의 모든 과정을 마음에 그렸다. 물살을 가르는 느낌, 수영장 분위기, 초 단위까지 정확히 측정하며 골인하는 장면을 상상했다. 아침에 일어나면 전날 상상한 모습을 다시 한번 떠올리며 시각화했다. 펠프스는 그 훈련 이후 실제로 경기력이 향상되었으며, 결국 세계적인 선수가 되었다.

골프의 황제라고 하는 잭 니클라우스도 같은 말을 했다. "골프의 샷은 10퍼센트의 스윙, 40퍼센트의 준비 자세와 발의 위치 그리고 50퍼센트의 마음속으로 그려보기에 달렸다." 운동선수가 경기 모습을 마음속으로 상상하면 그 운동과 관련된 근육이 반응한다는 것은 실험으로도 밝혀졌다. 마음을 시각화하는 것의 효과가 입증된 것이다.

어떤 심장외과 의사는 수술 전날 밤, 수술 과정 전체를 머릿속으로 연습해본다고 한다. 환자의 상태를 체크하는 것부터 특정한 문제에 부딪혔을 때 대처방법까지 미리 그려본다. 또 위급한 상황이 발생했을 때 어떻게 해야 하는지도 꼼꼼히 점검한 후 수술실에 들어간다.

기업을 이끄는 CEO도 중요한 회의를 하기 전 자신의 말과 행동을 미리 마음속으로 그려본다고 한다. 준비된 말과 행동은 직원들에게 신뢰를 주고, 회의도 매끄럽게 이끌어 리더로서 자질과 실력을 인정받는 데 중요한 역할을 한다. 이는 곧 경영실적으로도 이어진다.

이처럼 성공적인 삶을 사는 사람들은 공통으로 자신의 미래를 시각화한다. 그것이 바로 성공적인 삶을 이끈 가장 큰 비결인 셈이다.

희망사항을 구체적인 목록으로 디자인하라

꿈을 이루는 가장 좋은 방법은 목표를 세우고 그것에
집중하는 거야.
그렇게 하면 단지 희망사항이었던 것이 '꿈의 목록'으로
바뀌고, 다시 그것이 '해야만 하는 일의 목록'으로 바뀌고,
마침내 '이루어낸 목록'으로 바뀐다.
— 존 고다드(John Goddard), 미국의 탐험가

청소년들에게 "네 꿈은 무엇이니?"라고 물으면 머뭇거리는 경우
가 많다. 아직 꿈을 구체적으로 생각하지 못한 경우도 있고, 꿈을
찾으려고 노력해봤지만 발견하지 못한 경우도 있다. 또한 부모님이
원하는 것을 꿈이라 믿고 나아가는 경우도 있고, 자신이 희망하는
것을 막연하게 품은 경우도 있다.

꿈을 구체적으로 찾기는 쉽지 않다. 특히 청소년기는 아직 삶의 경험이 많지 않아서 배우고 느낀 것도 부족하다 보니 세상을 바라보는 시야가 좁다. 2020년 직업사전에 등재된 직업 수는 12,823개, 직업명은 약 16,891개이다. 이전 조사에는 없던 빅데이터전문가, 블록체인개발자, 인공지능엔지니어, 드론조종사, 도시재생코디네이터 등이 새로 나타났다. 하지만 청소년들이 체감하는 직업의 종류는 많지 않다.

확실하게 꿈을 찾았다고 말하는 학생도 얼마 후 꿈이 바뀌곤 한다. 새로운 경험과 지식을 쌓는 과정에서 자신이 하고 싶은 것을 새롭게 발견하기 때문이다. 꿈은 얼마든지 바뀔 수 있으니 괜찮다.

하지만 하고 싶은 것이 전혀 없다면 고민이 필요하다. 이렇게 해보는 건 어떨까. 자신의 막연한 꿈과 바람을 '목록'으로 만들어보는 것이다. 꿈의 목록을 적다보면 공통분모를 찾을 수 있으며, 그것이 곧 삶의 방향이 되기도 한다. 꿈의 목록에 적힌 것을 하나하나 실행하다 보면 어느새 꿈을 이룬 자기 모습을 발견할 수 있다.

루 홀츠라는 사람은 28세에 대학 풋볼팀 조교 자리에서 해고되었다. 그는 당시 아내가 셋째 아이를 임신한 상태였다. 통장 잔액은 제로에 가까웠고 직장을 구하려고 해도 마땅한 자리가 없었다. 낙심한 그는 실의에 빠졌다. 그 모습을 안타깝게 여긴 아내가 책을 한 권 선물했다. 데이비드 슈워츠의 《크게 생각할수록 크게 이룬다》라는 책이었다. 그는 책을 읽는 중 '죽기 전에 자신이 이루고 싶은 목표 100

가지를 적어보라'는 대목을 발견하고, 단숨에 107가지를 적었다.

'백악관에서 대통령과 식사하기, 투나잇 쇼에 출연하기, 풋볼팀 우승하기' 등 루 홀츠는 평소 자신이 이루고 싶은 것을 목록으로 만들었다. 그리고 먼저 할 수 있는 것을 하나씩 실천해보았다. 그러자 놀랍게도 일자리가 생기고 풋볼팀 코치까지 맡게 되었다. 그가 맡은 풋볼팀은 우승을 밥 먹듯이 했고, 그는 단숨에 우승 제조기로 명성을 떨쳤다. 그는 백악관에도 가고 생방송에도 출연했다. 희망사항이라고 생각했던 것들이 39년이 지나서는 모두 현실이 되었다. 그는 목록에 적은 107가지 중 무려 103가지나 이루며 '꿈을 목록으로 적는 것'의 능력을 실감했다.

> 성공에는 무엇보다 치밀한 준비가 선행되어야 한다.
> 준비 없이는 실패만 있을 뿐이다.
> ─ 공자(孔子), 중국의 사상가

열다섯 살에 꿈의 목록을 만들고 그것을 실제로 이룬 사람이 있다. 《존 아저씨의 꿈의 목록》의 주인공 존 고다드이다. 존 고다드는 열다섯 살이 되던 해에 할머니와 숙모가 지난날을 회상하며 후회하는 이야기를 듣는다. '어린 시절에 꿈을 발견하고 노력했더라면 인생이 달라졌을 텐데'라고 아쉬워하는 내용이었다. 그 대화를 들은 존 고다드는 자신도 아무런 생각 없이 살면 훗날 후회할 것 같았다. 그래서 그 자리에서 자신이 하고 싶은 것들을 종이에 적어보았다. 어린 시절부터 유난히 탐험에 관심이 많았던 그는 탐험할 곳, 등반할 산 등을 목록으로 만들었다. 그렇게 원하는 것을 적다 보니 무려 127개가 되었다.

존 고다드는 목록을 내팽개쳐두지 않았다. 자신이 할 수 있는 것을 하나하나 실천해보았다. 그러다 보니 재미가 생기고 더 도전하고 싶은 마음이 들었다. 어느덧 세월이 흘러 그 목록을 살펴보니 127개 중 무려 108개나 이뤘다. 그 후로도 그는 꿈의 목록을 업그레이드하며 원하는 삶의 목표를 성취했다. 그리고 바람대로 탐험가가 되었고, 그의 삶이 책으로 출간되어 많은 사람에게 긍정적인 영향을 미치고 있다.

하고 싶고 이루고 싶은 것을 생각해 목록으로 만들어보라. '몇 가지 적는 것이 뭐 어렵겠어?'라고 생각할지 모르지만 미래를 생각하지 않는 사람은 10가지를 적기도 쉽지 않다. 대다수 청소년이 30개를 넘기지 못하는 것을 많이 보았다. 그만큼 소망이 없다는 증거이다. 아침·저녁으로 학교와 학원을 오가며 공부는 열심히 하지만 왜 공부해야 하는지 목적은 없는 것과 같다. 이제부터는 자신이 원하는 삶을 스스로 개척해야 한다. 자신이 진짜 원하는 것이 무엇인지 꿈의 목록을 작성하고 날짜까지 함께 쓰면 자연스레 삶의 목표가 된다. 그 목표를 잘게 나누면 실행 계획이 되고, 계획을 실행에 옮기면 그것이 바로 현실이 되는 것이다.

죽기 전에 하고 싶은 건?

나만의 꿈을 목록으로 만들어보자.

1.

2.

3.

4.

5.

6.

7.

8.

9.

10.

책을 읽고
글을 쓰는 것이 좋아요

기자, 작가, 출판 편집자, 대학교수, 카피라이터, 평론가

기자

신문사, 잡지사, 방송사 등의 언론기관에서 취재와 편집 등을 담당하는 사람을 말한다. 주변에서 일어나는 다양한 소식을 신문이나 잡지, 인터넷, 방송으로 신속하게 전달하고, 각종 사건·사고 및 정치·경제·사회 전반에 관련된 정보를 취재한다.

기자가 되는 길 ▶ 신문, 방송, 잡지 기자 등 기자의 종류는 다양하다. 출신 학과의 제한은 없지만 신문방송학, 사회학, 국어국문학 등 인문계열을 전공하면 유리하다. 기본적으로 글 쓰는 능력이 필요하며, 해당 분야에 대한 전문성과 통찰력을 갖춰야 한다.

작가

문학, 방송, 영화, 연극, 만화 등의 글을 쓰는 사람을 말한다. 소설·시·수필 등을 쓰는 문학작가, 방송을 구성하거나 대본을 쓰는 방송작가, 영화나 연극 대본을 쓰는 시나리오 작가 등 다양한 글쓰기 분야만큼 작가도 여러 갈래로 나뉜다.

작가가 되는 길 ▶ 많은 책을 읽고 글을 쓰는 훈련을 하며 문장력과 표현력을 길러야 한다. 국어국문학이나 문예창작을 전공하면 도움이 많이 된다. 시인이나 소설가, 수필가가 되려면 신춘문예나 문예지 등에 당선돼 등단이 되어야 한다. 요즘은 출판사에서 책을 출간하면 문인으로 인정해주는 움직임이 일고 있다.

출판 편집자

기획, 저자 섭외, 원고 정리, 편집 등 책을 출판하는 전 과정에 참여해 책을 만드는 일을 한다.

출판 편집자가 되는 길 ▶ 글을 좋아하고 많이 읽고 쓸 줄 알며 좋은 글을 알아보는 감각이 필요하다. 대학에서 인문학이나 출판 관련 학과를 전공하면 도움이 된다. 아울러 교정·교열에 대한 지식도 풍부해야 편집자가 될 수 있다.

대학교수

대학교에서 자신의 전공 분야를 강의하고 학생들을 지도하며 관련 학문을 깊이 연구하는 일을 한다.

대학교수가 되는 길 ▶ 학자와 교육자의 자질이 요구되며 박사학위가 필요한 경우가 많다. 관련 분야에 탁월한 전문성을 보여줄 수 있는 연구실적이나 업적도 중요하다. 또한 일정 기간 이상의 연구경력과 교직경력이 있어야 한다.

카피라이터

각종 광고에 사용될 글과 문장을 만든다. 대표적으로 인쇄 광고의 헤드라인, 카피 본문과 방송광고의 멘트, 내레이션, 광고노래의 가사 등이 있다.

카피라이터가 되는 길 ▶ 창의적인 생각과 촌철살인의 글을 쓸 수 있는 능력을 필요로 한다. 대학에서 국문학이나 광고 관련 학과를 졸업하는 것이 유리하며, 광고 공모전에서 상을 받으면 취업에 도움이 된다.

평론가

문학, 영화, 음악, 미술 등 다양한 장르의 가치를 평가하는 일을 한다. 주로 방송에 출연해 의견을 말하거나 신문이나 잡지 등에 평론을 기고한다.

평론가가 되는 길 ▶ 논리적 사고와 비판적 시각을 바탕으로 관련 분야를 평론하는 능력을 갖춰야 한다. 대학에서 국문학이나 미술학, 영화학, 연극학 등을 공부하는 것이 유리하다. 신춘문예나 공모전에 당선되면 평론가로 활동하는 데 도움이 된다.

자신만의 길을 걸어가라

스스로 선택하지 못하고 진정한 자기 자신으로 살지 못할 때
사람들은 절망을 느낀다. 가장 깊은 절망은 자기 자신이 아닌
다른 사람으로 사는 것이다.

키르케고르(Kierkegaard), 덴마크의 철학자

자신이 원하는 삶을 살려면 자신이 원하는 것이 무엇인지 알아야
한다. 그 원함에 즉각적으로 반응하며 나아갈 때 스스로 인생을 개
척할 수 있다. 키르케고르는 사람들이 절망을 느끼는 경우는 자기
자신답게 살아가지 못할 때라고 말한다. 스스로 인생을 선택하지
못하고 자신이 아닌 다른 사람으로 살아갈 때 절망한다는 것이다.

당장은 누군가가 이끌어주는 대로 살아가면 편하다. 인생에 대해
고민할 필요도 없다. 머리 아프게 미래의 계획을 세우지 않아도 된

다. 누군가가 제시한 길대로 따라가기만 하면 아무 걱정이 없다. 그런데 어느 정도 인생을 살다 보면 자기 의도대로 살지 못한 것을 후회한다. 삶을 마감하는 사람들이 후회하는 것은 대부분 '진정으로 자신이 원하는 인생을 살지 못한 것'이라고 한다. 그러니 자신이 원하는 삶의 길을 찾도록 끊임없이 노력해야 한다.

우선 마음의 소리에 귀 기울이는 것이 필요하다. 자신이 하고 싶은 일에 반응하고 도전하며 나아가는 것이다. 실제로 마음의 울림에 반응하다 하버드 법대에 종신교수로 임용된 사람이 있다. 종신교수는 죽을 때까지 교수를 할 수 있는 권한을 부여받는 것이다. 결코 쉽지 않은 일이지만 석지영은 이를 해냈다.

석지영은 32세에 한국계 최초로 하버드 법대 교수에 임용되었다. 이후 4년 만에 아시아 여성 최초로 하버드 법대 종신교수로 임용되는 영광을 얻는다. 하지만 그녀가 처음부터 법관이 되려고 했던 것은 아니다. 그녀의 어릴 적 꿈은 발레리나였으나 부모님의 반대로 일반 학교에 진학했다. 일반 학교에서 공부하다 보니 마음을 잡지 못했다. 그때 했던 것이 피아노 연주였다. 피아노를 연주하면 복잡한 마음이 가라앉아 몰입이 가능해지고, 이는 곧 실력향상으로 이어졌다. 그녀는 하루하루 피나는 훈련을 거듭한 결과 줄리아드 음대 예비학교에 입학할 수 있었다.

그러나 그녀는 자신에게 문학적 재능이 있다는 것을 발견하고 예일 대학교로 진로를 바꿔 그곳에서 문학을 전공한다. 그녀는 문학을 깊이 공부하며 자신이 진정 원하는 일은 언어를 활용해 인간과 사회에 실용적인 영향을 미치는 것이라는 사실을 깨닫는다. 원하는 인생의 목표가 새롭게 설정되자 그녀는 다시 인생 항로를 변경한다. 하버드 로스쿨에 입학해 법을 공부하게 된 것이다. 그리고 하버드 법대 종신교수가 되었다.

그녀는 마음속에서 울리는 꿈의 소리에 민감하게 반응했다. 자신에게 끊임없이 묻고 답하면서 하고 싶은 일이 무엇인지 찾았다. 그리고 새롭게 찾은 일에 최선을 다했다. 피아노에서 문학으로, 문학에서 법으로……. 그렇게 꿈들이 서로 연결되어 시너지 반응이 일어났다.

어떤 청소년은 '그녀가 부유한 가정환경 덕분에 원하는 것을 마음대로 할 수 있었던 것'이라고 생각할지 모른다. 하지만 그것은 착각이다. 피아노로 줄리아드 음대에 입학할 정도면 보통 연습으로는 어림도 없다. 문학박사가 되는 것도 피나게 노력해야 가능한 일이다. 부유한 가정환경만 믿고 대충 해서는 어떤 결과물도 얻지 못했을 것이다. 석지영은 자신이 발견하고 새롭게 정립한 꿈을 이루고자 피나는 훈련을 했다. 그 결과가 종신교수로 이어진 것이다.

항구에 닻을 내리고 있는 배는 안전하다. 하지만 그것이 배의 존재 이유는 아니다.
– 존 세드(John Shedd), 미국의 교육자

애플사의 전설적 CEO였던 스티브 잡스는 2005년 스탠퍼드 대학교 졸업식에서 연설을 했다. 사회에 첫발을 내딛는 졸업생들은 애플의 살아 있는 신화 스티브 잡스의 입에 주목했다. 과연 어떤 말로 자신들을 격려하고 조언해줄지 기대하는 마음으로 경청했다.

그런데 뜻밖에도 스티브 잡스는 '점 연결하기'(Connecting the dots)의 중요성을 이야기했다. 자신의 믿음이 있는 곳에 점을 찍고 온 힘으로 그 점을 이었더니 애플 신화가 탄생했다고 말이다. 그는 작은 점들이 어떻게 연결되어 꿈을 이룰 수 있었는지 설명했다.

첫 번째 점은 대학교를 자퇴한 것이다. 비싼 등록금 때문에 고생하는 양부모가 안타까워 자퇴를 결심한 후 원하는 과목만 청강했다. 그때 만난 강의가 '서체' 수업이었다. 그가 관심을 두고 공부한 서체 강의는 매킨토시 컴퓨터에 아름다운 서체를 만드는 바탕이 되었으며, 이는 매킨토시가 히트하는 데 결정적인 역할을 한다.

그의 두 번째 점은 애플에서 해고당한 일이다. 자신이 세운 회사에서 쫓겨난 그는 좌절하기보다 희망을 품고 다시 회사를 세운다. 그때 세운 회사가 만화영화를 만드는 픽사(Pixar)이다. 그리고 최초의 컴퓨터 애니메이션 영화인 〈토이 스토리〉를 만든다. 이때 사랑하는 아내를 만나는 행운도 얻는다.

그의 마지막 점은 췌장암 진단을 받은 것이다. 몸에서 암세포가 발견되자 스티브 잡스는 매일을 마지막 날인 것처럼 열정적으로 살아간다. 그 결과 I(iPhone, iPad, iCloud 등) 시리즈를 연속해서 히트하는 저력을 발휘한다.

스티브 잡스는 믿음을 갖고 찍은 작은 점이 반드시 미래의 또 다른 점과 만나 훗날 거대한 그림을 완성한다고 강조한다. 여러분도 믿음이 있는 곳에 점을 찍을 필요가 있다. 믿음의 점이란 자신이 하고 싶은 일에 적극적으로 반응하는 것이다. 현재 주어진 일에 최선을 다하려는 태도이기도 하다. 또한 환경과 상관없이 꼭 해보고 싶은 꿈이 되기도 한다.

믿음의 점을 찍고 도전하는 삶은 아무도 흉내 낼 수 없는 삶의 스토리로 완성된다. 요즘은 스토리가 있는 사람의 이야기에 귀를 기울인다. 스스로 인생을 개척해 성공적으로 인생을 산 사람을 찾는 것이다.

청소년 모두가 스티브 잡스와 석지영 교수처럼 될 필요는 없다. 하지만 자신이 정말 하고 싶은 것은 발견해야 한다. 근래 대기업에서는 정규채용 대신 상시 채용으로 직원을 뽑는다. 업무에 적합한 인재를 수시로 찾아서 보충하겠다는 것이다. 대부분 자신이 하고 싶은 일에 적극적으로 반응한 사람들에게 관심이 있다.

IT 관련 업무는 직접 스타트업을 운영한 사람들에게 후한 점수를 준다. 자동차 회사는 자동차 '덕후'를 찾는다. 획일적인 공부가 아니라 자신만의 이야기가 있는 사람들이 어디에 있는지 개인 누리소통망서비스(SNS)를 검색해본다. 실패했더라도 자신만의 경험이 축적된 사람들이 취업의 문을 뚫는다. 자기 마음속에 꿈틀거리는 소망에 믿음의 점을 찍고 도전한 사람들이 인기가 있다. 비록 작은 점들이지만 이 점이 훗날 멋진 그림으로 완성된다는 것을 기업은 알기 때문이다.

꿈은 도전해봐야 알 수 있다

무엇을 하든, 무슨 꿈을 꾸든 일단 시작하라. 담대함에는
재주와 힘과 마술이 담겨 있다.

– 요한 볼프강 폰 괴테(Johann Wolfgang von Goethe), 독일의 작가

나는 책을 내기 전까지 글 쓰는 일이 이렇게 보람되고 재미있는지
몰랐다. 그렇다고 내가 대단한 작가라는 말은 아니다. 일필휘지하는
것도 아니다. 글을 쓰는 것이 힘들기는 하지만 즐거움을 더 많이 느
낀다. 아마 글을 써보지 않았다면 평생 알 수 없는 기쁨이었을지 모
른다. 그래서 해보고 싶은 꿈이 있다면 직접 시도하고 도전해 봐야
알 수 있다. 생각만으로는 알 수 없는 것이 꿈인 것 같다.

내가 알고 있는 어떤 학생은 축구 선수가 꿈이었다. 우리나라 프
로축구는 물론 세계적인 리그와 팀에서 뛰고 있는 선수까지 줄줄 꿰

었다. 전술도 완벽하게 이해했다. 국가대표 경기가 열리면 전술에 따라 선수 기용을 어떻게 해야 하는지도 훤히 내다보았다. 사람들 앞에서 공공연하게 자신은 축구 선수가 되고 싶다는 이야기도 했다. 하지만 한 가지 놓치고 있는 것이 있었다. 자신의 축구 실력이 어느 정도인지는 정확히 파악하지 않은 것이다.

어느 날 그 학생은 학교 운동장에서 또래 아이들과 축구 경기를 해보았다. 그런데 이게 웬일인가. 그의 축구 실력은 또래 아이들보다 조금 나은 정도였다. 축구 선수가 될 만한 재능은 아니었다. 스스로도 자신의 실력을 인정했다. 그는 결국 축구 선수의 길을 포기해야 했다. 하지만 축구와 관련된 직업을 알아보며 새로운 진로를 디자인했다. 그 학생이 실제로 도전하지 않고 머릿속으로만 생각했다면 더 세월이 흘러서야 자신의 한계를 알게 되었을 것이다.

누구에게나 한 가지씩 재능은 숨겨져 있다. 그것을 발견하느냐 그렇지 않느냐의 문제이다. 많은 청소년이 자기 안에 숨겨진 보물을 적극적으로 찾기보다 뭔가가 저절로 이루어지길 기대한다. 때로는 누군가 그것을 대신 찾아주었으면 하고 바라기도 한다. 그런데 한 가지 기억해야 할 것이 있다. 자기 안에 숨겨진 재능은 저절로 발견되지 않는다는 것이다. 스스로 찾으려고 노력하고 끊임없이 도전해야 알 수 있다.

자신이 누구인지 알고 싶은가? 그렇다면 묻지 마라.

나는 지금은 글을 쓰고 강의를 하지만 대학에서는 전자계산학을 전공했다. 대학에 갈 때 내가 어떤 공부를 하는지도 모른 채 당시 가장 인기 있는 학과를 선택했다. 그런데 막상 대학에 진학해보니 전공 공부는 내가 가장 싫어하는 과목으로 가득했다. 제일 자신 없는 과목이 수학인데 전자계산학과는 수학을 제대로 하지 못하면 전문적인 지식을 습득하기 어려웠다. 내가 진정으로 원하는 것을 찾지 못한 결과는 암울했다.

스티브 잡스는 "무엇인가를 잘하는 방법을 배우려면 때로는 실패도 해봐야 한다"라고 말했다. 실패는 실패로만 머무르지 않는다. 도전하고 실패하는 과정에서 스스로 더욱 단단해질 수 있다. 새로운 방법을 모색하면서 또 다른 길을 찾을 수도 있다. 마음에서 울리는 소원이 있다면 실패를 두려워하지 말고 도전해보자. 도전하는 사람만이 자신 안에 숨겨진 빛나는 보석을 발견할 수 있을 테니까.

어떻게 살아갈지 늘 생각하라

무엇인가를 행하라. 하찮은 것이라도 상관없다.
죽음이 찾아오기 전에 당신의 생명을 의미 있는 무엇으로
만들어라. 당신은 쓸데없이 태어난 것이 아니다. 당신이
무엇을 위해 태어났는지 발견하라. 당신은 우연히
태어난 것이 아니다. 명심하라.

— 베르나르 베르베르(Bernard Werber), 《상대적이며 절대적인 지식의 백과사전》
중에서

사람은 생각하는 대로 살아가는 존재이다. 생각한 대로 세포가
움직이고 몸이 반응한다. 도둑질을 하려고 생각한 사람은 끝내 도
둑질을 하게 된다. 정직하게 살아가려고 생각한 사람은 그러기 위해
힘쓴다. 자신이 생각한 대로 선택과 결정이 이뤄지기에 어떤 생각을

품고 사느냐가 무엇보다 중요하다.

생각은 우리 삶의 근원이다. 나무로 비유하면 뿌리와 같은 역할을 한다. 뿌리에서 싹이 돋고 가지가 자라고 열매가 맺힌다. 풍성한 가지에서 탐스러운 열매가 주렁주렁 열리는 법이다. 이처럼 우리의 삶도 자신이 생각한 대로 열매를 맺는다.

지금까지 살아온 여러분 삶의 결과도 예전부터 생각해온 결과물이다. 그리스 철학자이자 로마제국의 16대 황제였던 아우렐리우스는 "인간의 일생은 그 인간이 생각한 대로 된다"라고 했다. 프랑스의 사상가인 폴 발레리는 "생각하는 대로 살지 않으면 사는 대로 생각하게 된다"라며 생각의 중요성을 강조했다. 생각하는 대로 인생은 그렇게 흘러간다는 의미심장한 말이다.

사업에 관한 생각을 실천하며 성공적인 기업을 일군 사람이 있다. 바로 커피 하나로 세계를 주도한 스타벅스의 CEO 하워드 슐츠이다. 그는 1953년 뉴욕의 빈민가에서 태어나 어린 시절을 불우하게 보냈다. 어머니의 헌신적인 도움으로 비즈니스를 공부했고, 이후 가정용품 회사의 부회장 겸 총지배인으로 성공 가도를 달렸다.

그의 삶을 송두리째 바꾼 것은 이탈리아 출장이었다. 이탈리아 출장길에 본 커피 가게의 풍경은 충격이었다. 그곳에서 고객들은 단순히 커피만 마시는 게 아니라 휴식까지 즐기고 있었다. 커피 판매를 넘어 휴식처까지 제공하는 것이 바로 이탈리아의 커피가게였던 것이다. 그는 이러한 매력에 흠뻑 빠져 미국으로 돌아와 당시 가맹점을 4

개 가지고 있던 스타벅스로 이직한다. 부회장에서 마케팅 책임자로 직책은 낮아졌지만 그의 가슴은 뜨겁기만 했다.

이탈리아에서 받은 영감을 현실에 적용하려고 하자 많은 사람이 반대했다. 그는 성공을 확신하며 "제 생각대로 한번 해보고 싶습니다. 도와주십시오"라며 도움을 요청했다. 하워드 슐츠의 결연한 의지를 본 사람들은 결국 그를 믿어주었다.

하워드 슐츠는 자기 생각대로 스타벅스를 꾸려나갔다. 단순히 커피 한 잔을 판매하는 곳이 아니라 고객이 친근감을 느끼며 오랫동안 그곳에서 머물고 싶게 만들었다. 이에 고객들이 호응하기 시작하며 스타벅스의 매출은 뛰어올랐다.

그의 사업은 2022년 기준으로 연 매출 84억 1,000만 달러이며, 전 세계에 3만 4,000여 개 매장을 갖고 있는 세계적인 기업으로 성장했다. 이 모든 것이 그가 생각한 사업 아이템을 실천한 결과였다.

뜻이 있는 곳에 길이 있다.
― 조지 버나드 쇼(George Bernard Shaw), 영국의 극작가

《박철범의 하루 공부법》의 저자 박철범은 학창 시절 성적이 꼴찌였다. 성적만큼 삶의 희망도 없었다. 그러다 끝없이 추락하는 자신을 보며 특별한 존재로 살고 싶다는 마음을 품었다. 마음속에 꿈이 생기자 삶이 변하기 시작했다. 꼴찌를 전전하던 성적이 6개월 만

에 1등으로 올라서게 된 것이다. 성적에 걸맞게 모두가 부러워하는 서울대학교 조선해양공학과에 합격하는 영광도 누린다. 하지만 조선해양공학과가 자신이 원하는 학문이 아니라는 것을 발견한다.

서울대학교에 입학했지만 그것은 자신이 원하는 삶이 아닌 남들이 부러워하는 것일 뿐이었다. 그는 자신이 진정으로 하고 싶은 일이 무엇인지 고민했다. 어떻게 살아갈 것인지 끊임없이 생각한 끝에 법대로 진학을 결심한다. 그리고 과감하게 서울대학교를 자퇴하고 재수를 시작한다. 재수생 시절은 너무 힘들었다. 그러나 자기 생각대로 살고 싶었기에 참고 견뎌냈다. 그리고 치열하게 공부한 끝에 소원대로 고려대학교 법대에 진학할 수 있었다.

성공학의 대가 데일 카네기에게 어떤 사람이 이런 질문을 했다.

"당신 삶에서 최대 교훈은 무엇이었습니까?" 카네기는 질문에 이렇게 대답했다.

"제가 배운 최대 교훈은 '자신이 무엇을 생각하는지를 알아야 한다'는 것입니다. 만약 당신이 무엇을 생각하는지 알 수 있다면 당신이 어떤 인물인지 알 수 있습니다. 그 이유는 당신이 생각하는 것이 당신을 만들기 때문입니다. 우리는 자기 생각을 바꿈으로써 인생을 바꿀 수 있습니다."

그는 무엇보다 생각의 중요성을 강조했다. 그렇다면 여러분은 지금 어떤 생각을 품고 살고 있는가? 미래에 대해 어떤 계획과 목표를 가지고 있는가? 인생의 궁극적인 목적은 무엇인가? 어떻게 살아갈 것인지에 대한 생각이 없으면 그저 사는 대로 생각하게 된다. 이 사실을 기억하며 오늘의 삶 속에서 자기 생각을 점검해보길 바란다.

인생 곡선을 그려보며 지나온 삶을 되돌아보자

'인생 곡선 그리기'는 그동안 살아오면서 기억에 남는 일이나 자신에게 영향을 미친 일들을 그래프에 표시하는 것이다. 현재 여러분이 존재하기까지 영향을 미친 모든 것을 파악해 그 의미를 이해하고 미래를 제대로 설계하도록 돕는 도구이다. 인생 곡선을 그리고 분석하다 보면 행복한 삶이 어떤 것인지 어렴풋이나마 이해할 수 있다. 여러분의 기억에 남은 일이나 사건 중에서 행복했거나 기뻤던 일은 위쪽에 표시하고, 불행했거나 슬펐던 일은 아래쪽에 표시하면 된다. 정도에 따라 높이를 조절해가며 표시한다. 인생 곡선을 그리다 보면 반복적인 삶의 패턴이 보이고 그 원인과 배경까지 찾을 수 있다. 그러면 효과적인 대응방법도 발견하며 나아갈 길도 효율적으로 디자인할 수 있다.

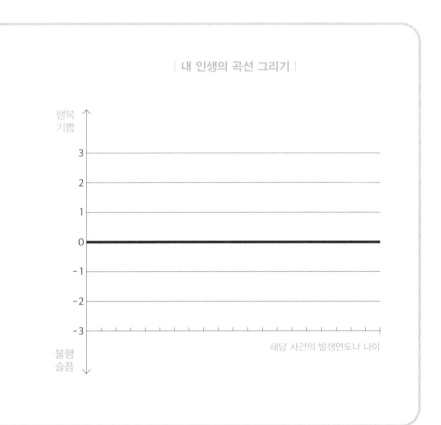

| 내 인생의 곡선 그리기 |

행복
기쁨

3

2

1

0

-1

-2

-3

해당 사건의 발생연도나 나이

불행
슬픔

꿈은 말하고 기록해야 이루어진다

상처받고 오해받을 위험이 있을지라도 말을 입 밖에
내뱉음으로써 다른 사람이 알게 해야 한다는 것을 나는 거듭
확신한다.
— 오드리 로드(Audre Lorde), 미국의 시인

종교 지도자 조엘 오스틴은 "말은 씨앗과 비슷해서 입 밖으로 나
오면 우리의 무의식 속에 심어져 생명력을 얻는다. 그리고 뿌리를 내
리고 자라서 그 내용과 똑같은 열매를 맺는다"라고 했다. 이는 말의
위력을 뜻한다. 사람은 말한 대로 될 확률이 높다. 이 때문에 자신이
한 말을 늘 점검해야 한다.

사회학자 로버트 머튼은 자신이 바라는 미래의 모습을 현재형으
로 언어화해서 선언하면 이루어진다는 것을 연구로 확인했다. 즉,

자신이 이루려는 꿈을 말로 표현해서 반복적으로 마음에 심으면 언젠가 그 꿈이 이루어진다는 것이다.

다른 사람 앞에서 자신의 꿈을 말로 표현하는 것을 '공개 선언'이라고 한다. 공개 선언을 한 사람은 자신이 한 말을 끝까지 지키려고 한다. 로버트 머튼이 연구한 원리와 비슷한 이론이다.

네바다 대학교의 심리학 교수인 스티븐 헤이스는 공개적으로 자기 꿈을 말로 표현하면 어떻게 되는지 연구했다. 그는 학생들을 세 그룹으로 나누어 첫 번째 그룹에 속한 사람에게는 수업에서 받고 싶은 목표 점수를 다른 학생들 앞에서 공개하도록 했다. 두 번째 그룹은 목표 점수를 마음속으로만 생각하게 했다. 세 번째 그룹은 목표 점수에 대해 어떤 요청도 하지 않았다.

각 그룹에 미션을 주고 시험을 쳤다. 그리고 결과를 확인했더니 자신의 목표를 다른 학생들 앞에서 공개한 첫 번째 그룹은 다른 두 그룹보다 높은 점수를 받았다. 목표를 마음에 간직했던 두 번째 그룹은 아무런 결심도 하지 않은 세 번째 그룹과 별 차이가 없었다.

이러한 공개 선언 효과를 활용할 필요가 있다. 공개 선언을 하면 외부의 힘으로 자신을 통제하는 효과를 거둘 수 있다. 다른 사람을 의식해 마음대로 행동하지 않게 된다. 다른 사람의 시선이 자신을 채찍질하게 만들어 목표를 달성하도록 돕기 때문이다.

"나비처럼 날아서 벌처럼 쏴라!"라는 명언을 남긴 세계적인 복서 무하마드 알리는 선수 시절 공개 선언 효과를 톡톡히 보았다. 그는 실력이 뛰어나 마주치고 싶지 않은 상대와 싸워야 할 때 공개 선언을 했다. 몇 라운드에 상대를 때려눕힐지 공개적으로 선언한 것이다. 그리고 그 약속을 지키기 위해 막강한 스파링 파트너를 구해 미친 듯이 연습했다. 실제로 그가 상대를 쓰러뜨리겠다고 공언한 라운드에 승리를 거둘 때가 많았다. 알리는 공개 선언의 힘으로 챔피언의 길을 걸었다. 또한 역사상 가장 위대한 복서로 사람들에게 기억되고 있다.

홈런왕으로 유명한 베이브 루스도 공개 선언을 했다. 그는 타석에 들어서면 방망이로 왼쪽 스탠드를 가리켰다. 자신이 가리킨 방향으로 홈런을 치겠다는 공개 선언이었다. 그는 마법처럼 자신이 가리킨 곳으로 공을 날려버린 일이 많았다. 그가 배트를 들어 스탠드를 가리키면 관중은 환호성을 질렀다. 관중에겐 즐거움을 안겨주고 자신은 성적을 올리는 효과를 거둔 것이다.

> 당신이 목표로 하는 것들을 기록하지 않는다면, 당신은 뿌려지지 않은 씨만을 가진 것이다. 두렵거나 게으름 때문에 목표가 없거나 희미한 목표를 가진 사람은 작은 일도 해내기 어렵다.
> — 마이클 핸슨(Michael Hanson), 미국의 수학자

예일 대학교에서는 꿈을 마음속에만 품고 있는 것과 글로 적어

놓은 것의 차이를 밝혔다. 대학 졸업반을 대상으로 꿈이 있는지를 조사했다. 그 결과 13퍼센트만이 꿈을 가지고 있다고 답했다. 그중 3퍼센트는 자신의 꿈이 있는지를 글로 적어두고 수시로 들여다본다고 했다. 나머지 87퍼센트는 막연하게 꿈을 갖고 있거나 아예 꿈이 없었다.

20년 후에 조사에 응했던 학생들을 찾아가 삶의 만족도를 조사했다. 꿈이 있다고 기록한 13퍼센트는 중산층의 삶을 살고 있었다. 그중 꿈을 글로 기록해두었던 3퍼센트는 모두 꿈을 이뤘고 사회적 기여도도 높았다. 그들은 상류층의 삶을 살고 있었다. 꿈을 글로 기록한 효과가 상상을 초월할 정도였다.

꿈을 글로 기록하면 막연하던 꿈이 구체화된다. 현재 자신이 어떤 것을 해야 하는지도 알 수 있다. 오늘에 충실하면 꿈은 자연스레 이루어지는 것이다.

코믹 영화배우로 유명한 짐 캐리는 무명 시절 지독한 가난에 허덕였다. 집도 없이 거리를 전전할 정도였다. '이렇게 살아갈 수는 없다'는 생각에 그는 할리우드가 보이는 언덕으로 올라갔다. 그리고 백지 수표에 '출연료'라고 적고 자신에게 1,000만 달러를 지급했다. 자기 자신에게 꿈을 이룬 모습을 글로 적어준 것이다.

그는 그 수표를 지갑에 넣고 5년 동안 가지고 다녔다. 시간이 날 때마다 그 수표를 꺼내 들고 성공을 다짐했다. 이후 꿈만 같았던 1,000만 달러 출연료는 현실이 되었다. 오히려 더 많은 금액을 받았다. 영화 〈덤 앤 더머〉로 700만 달러, 〈배트맨〉으로 1,000만 달러를 합쳐 1,700만 달러를 받은 것이다.

정말 이루고 싶은 꿈과 목표가 있다면 많은 사람 앞에서 선포해 보라. 마음속으로 한 결심은 번복하거나 쉽게 포기하기 마련이다. 하지만 누군가에게 공개적으로 선언하면 그 선언이 자신을 꿈의 길로 이끌어준다. 꿈은 선포하고 기록할 때 자라나고 열매를 맺는다.

만들기와
조작하는 것이 좋아요

로봇 연구원, 치과 기공사, 건축사, 자동차 정비원,
철도나 지하철 기관사

로봇 연구원

산업용, 의료용 및 실생활에서 이용할 수 있는 로봇을 연구하고
개발하는 일을 한다.

로봇 연구원이 되는 길 ▶ 탐구정신과 문제 해결을 위한 논리력
과 분석력, 판단력이 필요하다. 로봇기술에 대한 정보도 꾸준히 공
부해야 한다. 대학에서 기계공학, 로봇시스템공학, 전자 및 컴퓨터
공학을 공부하면 많은 도움이 된다.

치과 기공사

치과의사의 진단에 따라 치료에 필요한 교정장치나 모형치아 등을 만드는 일을 한다.

치과 기공사가 되는 길 ▶ 기계와 장비를 잘 다루고 미적 감각과 손기술이 있는 사람에게 더 유리하다. 대학에서 치기공학을 전공한 다음 치과 기공사 국가 면허시험에 합격해야 일할 자격을 얻을 수 있다.

건축사

건물의 경제성과 안정성, 기능성을 고려해 건물의 설계부터 공사까지 관리하고 감독한다.

건축사가 되는 길 ▶ 미적 감각과 공간에 대한 지각력, 창조력 등이 필요하다. 대학에서 건축학을 공부한 후 건축사 시험에 통과해야 면허증을 받게 된다. 면허증이 있어야 건축사 사무소를 개업해 일할 수 있다.

자동차 정비원

자동차를 점검하고 고장 난 차를 고치는 일을 한다. 자동차의 성능을 좋게 하거나 더 멋지게 꾸미는 일도 함께할 수 있다.

자동차 정비원이 되는 길 ▶ 기계와 전자장비, 컴퓨터시스템을 다루는 능력과 추리력, 꼼꼼함 등을 갖추면 유리하다. 대학의 자동차과, 자동차정비과에 진학하거나 직업훈련기관, 사설 자동차 정비학원에서 교육 · 훈련을 받을 수 있다.

철도나 지하철 기관사

철도나 지하철을 운전하여 승객이나 화물을 안전하게 목적지까지 수송한다.

기관사가 되는 길 ▶ 생명과 직결된 일을 하므로 투철한 사명감과 책임감이 필요하다. 철도 기관사가 되려면 한국철도대학을 졸업하는 것이 유리하다. 또한 고등학교나 대학에서 공업·공학 계열을 전공하면 도움이 된다.

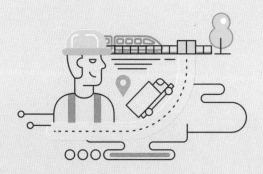

Part 2

실행하고
노력하는 사람이
꿈을 이룬다

실행하지 않는 꿈은 영원히 꿈으로 남는다

아는 것만으로는 충분하지 않다. 적용해야만 한다.
하려는 의지만으로는 충분하지 않다. 실행해야만 한다.

— 요한 볼프강 폰 괴테(Johann Wolfgang von Goethe), 독일의 작가

명확하게 찾은 꿈을 글로 적어두고 간절히 원한다고 해서 꿈이
무조건 이루어지는 것은 아니다. 반드시 그에 상응하는 실행력이 뒷
받침돼야 꿈은 이루어진다. 127가지 꿈의 목록을 적고 108개를 달
성한 존 고다드에게 "어떻게 그 많은 꿈을 이룰 수 있었냐?"라고 묻
자 그는 이렇게 답했다.

"지금까지 살아온 당신의 인생을 돌아보십시오. 그리고 '만일 내
가 1년을 더 산다면 무엇을 할 것인가'에 대해 생각해보십시오. 우리
는 모두 마음속에 각자가 하고 싶은 일이 있습니다. 미루지 말고 즉

각 해보십시오."

그렇다. 꿈은 실행해야 그것을 자기 것으로 만들 수 있다. 실행하지 않고 마음속에 담아두는 꿈은 삶을 마감할 때까지 꿈으로 남는다. '언젠가는 할 거야'라고 백번 말해도 소용없다. 직접 몸으로 부딪치며 실행할 때 비로소 꿈은 현실이 된다.

미국의 26대 대통령을 지낸 시어도어 루스벨트도 같은 의미의 말을 전한다. "꿈과 비전이 없는 사람을 쓸모없다고 생각해왔지만, 자신의 꿈과 비전을 실현하기 위해 실제적인 노력을 하지 않는다면 그역시 쓸모없는 사람이다."

꿈을 이루는 원리는 사람들뿐만 아니라 기업 경영에도 똑같이 적용된다. 기업 경영 컨설턴트 톰 피터스는 "기업 간 경쟁력 차이는 비전과 전략의 우위보다는 그것을 실현하기 위해 행동하는 실행력 차이에서 비롯된다"라고 말한다. 꿈을 이루는 사람과 그렇지 못한 사람의 차이는 바로 실행력이다.

꿈을 이루려면 실행력과 더불어 '결단력'도 필요하다. 결단은 반드시 해내고야 말겠다는 의지이다. 자신이 해야 하는 것 외에 다른 것을 선택하지 않겠다는 뜻이다. 자신에게 하는 무언의 약속인 것이다. 결단 후에는 이것저것 고민하지 말고 실천에 옮기면 된다. 실천할 때는 최선을 다해야 한다. 최선의 의미를 이해하는 데 《태백산맥》의 저자 조정래 선생님의 말씀이 도움이 될 것이다.

"최선이라는 말은 자신의 노력으로 스스로를 감동시킬 수 있을 때 쓰는 것이다."

스스로를 감동시킬 정도의 노력을 기울여야 비로소 원하는 목표
에 다가갈 수 있다.

현재 얼마나 힘을 가지고 있느냐는 문제가 아니다.
그보다는 내일 힘을 갖기 위해 오늘 무언가를 반드시
실행해야 한다는 것, 그것이 진짜 문제이다.
– 캘빈 쿨리지(Calvin Coolidge), 미국의 30대 대통령

메이저리그에서 최고 타자로 뛰다가 SSG 랜더스에서 선수생활을
이어가고 있는 추신수 선수. 그가 처음 메이저리그로 진출할 때는
투수였다. 왼손 투수로 150킬로미터의 빠른 공을 던져 가능성을 인
정받았다. 그렇지만 메이저리그에는 추신수보다 훨씬 뛰어난 투수
가 많았다. 추신수는 투수보다는 타자로 전향하는 편이 경쟁력 있
다고 생각했다. 그때부터 타자로 성공하기 위한 연습이 시작되었다.

하지만 투수에 익숙한 추신수가 타석에서 안타를 쳐내는 일은 생
각보다 쉽지 않았다. 헛스윙을 할 때가 많았지만 그는 손에 물집이
잡히고 배트가 수없이 부러지도록 연습했다. 그런 연습의 결과로 메
이저리그를 대표하는 타자가 되었다. 그의 성공 비결은 최고 타자가
되겠다는 결심 아래 최선을 다해 연습한 것이 전부였다.

추신수는 경기가 시작되기 전 제일 먼저 경기장에도 도착했다. 온

몸이 땀에 흠뻑 젖을 때까지 타격 연습을 하며 실전 감각을 익혔다. 그는 연습에 매진하며 이렇게 말했다.

"홈런은 가끔 치는 거죠. 수도 없이 때리는 연습을 했어요. 잘 치는 공이 많아질 때까지, 잘 칠 확률이 더 커질 때까지. 그래서 배트를 내려놓지 못하는 거죠."

스스로 만족할 때까지 해야 비로소 연습을 멈춘 추신수. 그가 메이저리그에서 최고 타자가 될 수 있었던 것은 스스로 인정할 만큼 최선을 다해 연습했기 때문이다.

꿈을 이루는 방법은 자신의 꿈이 가리키는 방향으로 꾸준히 나아가는 것이다. 소원을 하나하나 실천하며 전진해나가는 것이다. 스스로 감동할 때까지 실행하다 보면 꿈을 손에 쥐게 된다. 실행의 힘, 이것이 바로 꿈을 현실로 만드는 길이다.

'조금만 더'라는 의지로 노력하라

마치 능력의 한계가 없는 것처럼,
계속 앞으로 나아가는 것이 우리 의무이다.

– 피에르 테일라르 드 샤르댕(Pierre Teilhard de Chardin), 프랑스의 철학자

프로 골프로 세계를 제패한 최경주 선수가 있다. 그는 골프 선수
가 되기 위해 16세까지 혼자서 연습하며 실력을 키웠다. 전남 완도
에서 가난한 농부의 아들로 태어났지만 환경을 탓하지 않았다. 세계
적인 골프 선수인 잭 니클라우스의 책과 비디오를 보며 끊임없이 노
력했다. 그리고 세계적인 스타 선수들과 겨루어 우승 트로피를 들어
올렸다. 그것도 자신의 우상이었던 잭 니클라우스가 주최한 대회여
서 더 의미가 깊었다. 그는 우승 소감을 이렇게 말했다.

"20년 전에 잭이 쓴 골프 교습서와 비디오를 보며 혼자 연습했습

니다. 그런 제가 잭이 주최하는 대회에 나가서 우승하다니 정말 꿈만 같습니다. 그동안 저는 수많은 어려움이 있었지만 '나는 조금씩 성공하고 있다'는 생각으로 최선을 다했습니다."

최경주 선수는 매일 조금씩 나아지고 있다는 생각으로 노력했다. 어제보다 오늘 조금 더 성장하기 위해 힘을 쏟아부은 것이다. 그것이 성공의 비결이었다.

물은 정확히 100도가 돼야 끓는다. 주전자가 뜨거워졌다고 불을 끄면 그것으로 끝이다. 반드시 100도를 넘어야 물이 부글부글 끓어오른다. 즉, '임계점'을 통과해야 끓는 것이다. 임계점은 '임계질량'이라는 물리학에서 나온 개념이다. 어떤 핵분열성 물질이 일정한 조건에서 스스로 연쇄반응을 일으키는 데 필요한 최소한의 질량을 말한다. 그래서 물은 98도, 99도에서는 끓지 않는다. 물의 임계점이 100도이기 때문이다.

우리가 품고 있는 꿈을 이루는 과정도 임계질량의 법칙과 비슷하다. 원하는 목표를 이루려면 마음에 임계점이 만들어지고 폭발이 일어나야 한다. 그런데 임계점은 사람마다 다 다르다. 마음에 뿌린 꿈의 씨앗이 꽃을 피우기 위해 50도가 필요한 사람이 있고, 80도가 필요한 사람도 있다. 각자 살아온 환경과 잠재된 능력에 따라 다른 것이다.

중요한 것은 누구도 자신 안에 꽃을 피우기 위한 온도가 몇 도인지 모른다는 것이다. 임계점을 아는 길은 오직 노력하며 스스로 찾아내는 방법밖에 없다. 임계점을 돌파하도록 끊임없이 자가 발전기를 돌려 내부의 온도를 올려주어야 한다.

많은 사람이 임계점을 눈앞에 두고 포기한다. 단 1도만 올리면 되는데 그것을 모르기 때문에 포기하고 만다. 그래서 날마다 삶 속에서 '조금만 더' 해보겠다는 의지가 필요하다. 어제보다 단 0.1퍼센트라도 더 노력하겠다는 생각으로 나아가야 한다. 작은 노력이 하루하루 쌓이면 언젠가는 폭발적인 힘이 생긴다. 한번 폭발이 일어나기만 하면 그다음에는 연쇄 폭발이 일어나 다른 꿈도 쉽게 이룰 수 있다.

이 세상의 어떤 위대한 것도
열정 없이 이루어진 것은 아무것도 없다.
 — 게오르크 빌헬름 프리드리히 헤겔(Georg Wilhelm Friedrich Hegel), 독일의 철학자

20세기 초 미국에서 석유왕으로 불리던 존 데이비슨 록펠러. 그는 역대 미국인 중 돈을 가장 많이 번 사람으로도 유명하다. 그가 석유를 발견할 당시 이야기는 '조금만 더' 노력하는 것이 얼마나 중요한 일인지 잘 보여준다.

록펠러는 투자자들을 모집해 금광을 개발하기 시작했다. 원대한 꿈을 품고 금을 캤지만 좀처럼 금은 나오지 않았다. 시간이 흐를수록 록펠러의 마음은 타들어갔다. 투자자들은 언제 금이 나오느냐며

따졌다.

"쉽게 나온다던 금은 언제 나온단 말이오. 이제 더는 못 기다리겠소. 내가 투자한 돈을 당장 돌려주시오!"

록펠러는 할 말이 없었다. 하루하루 미루며 버텨온 것도 한계에 다다랐다. 그렇다고 포기할 수도 없었다.

"여러분, 한 번만 더 기회를 주십시오. 이번에는 분명 금이 나올 것입니다."

"그렇게 한 번만을 외친 것이 몇 번인 줄이나 아시오? 당신의 허황한 꿈 때문에 내 돈만 날리게 생겼단 말이오!"

록펠러는 이럴 수도 저럴 수도 없는 상황에 빠졌다. 여기서 물러서면 금도 캘 수 없을뿐더러 빚만 질 것이 분명했다. 투자자들의 성화에 인부들도 서서히 떠날 채비를 했다. 그는 눈물을 머금고 하소연을 했다.

"여러분, 지금까지 저와 함께해주셔서 감사합니다. 저는 여러분이 얼마나 힘들고 지쳤는지 잘 압니다. 하지만 지금 땅 파기를 멈춘 바로 그 밑에 금이 있다면 어떻겠습니까? 이보다 더 억울한 일은 없을 것입니다. 저와 함께 조금만 더 파보면 분명 금이 나올 것입니다."

록펠러의 진심 어린 호소에 사람들의 마음이 움직였다. 다시 한번 땅을 파기로 한 것이다. 하지만 금은 나오지 않았다. 그 대신 그곳에서는 석유가 나왔다.

"삶에 대해 절망하지 마라. 우리에겐 어려움을 극복할 만한 힘이 충분히 있다."

《월든》의 작가로 유명한 헨리 데이비드 소로의 말이다. 그렇다. 우리 안에는 임계점을 폭발시킬 힘이 있다. 삶 속에서 '조금만 더' 해 보겠다는 의지를 품는 것이 그 힘을 만들어낸다. 그 힘에서 열매를 맺을 싹이 피어나는 것이다.

실패는 새로운 기회를 얻는 통로이다

시도했던 것이 모두 잘못되어 폐기되더라도, 그것은
또 하나의 전진이기 때문에 나는 절대 실망하지 않는다.
– 토머스 에디슨(Thomas Edison), 미국의 발명가

진로를 디자인하며 나아가는 길은 생각처럼 쉽지 않다. 자신이 원하는 꿈인지 아닌지 분별하기도 어렵지만 그 길을 걸어가다 맞닥뜨린 실패 때문이기도 하다. 원하는 대로 일이 척척 이루어질 것 같지만 생각대로 되는 경우는 별로 없다. 거의 모든 꿈의 길에는 실패라는 단어가 함께한다. 그것을 어떻게 극복하느냐가 성공의 열쇠이다.

김연아가 어린 시절 피겨스케이트로 금메달을 목에 걸겠다고 목표를 세워서 저절로 꿈이 이루어진 것이 아닌 것처럼 말이다. 김연아는 정상에 오르기까지 수많은 실패를 겪었다. 부상으로 힘든 시기도

보냈다. 매일 수십 번에서 수백 번 엉덩방아를 차가운 얼음판에 찧었다. 원하는 연기가 나오지 않아 좌절하기도 했다. 그럼에도 김연아가 금메달을 목에 걸 수 있었던 것은 실패에 머무르지 않고 다시 일어서서 도전했기 때문이다.

청소년기에는 생각의 깊이와 경험의 부족으로 늘 실수와 실패가 뒤따른다. 그림을 그리는 과정으로 치면 청소년기는 이제 밑그림을 그리는 스케치 단계와 같다. 인생이라는 그림을 그리기 위한 구상 단계이다. 구상 단계에서는 당연히 몇 번이고 지우고 고치는 일을 반복한다. 그런 과정을 거쳐 점차 완성도 있는 그림으로 진화해가는 것이다.

꿈도 마찬가지다. 실패하는 과정에서 더 멋지고 완성도 높은 꿈으로 다가갈 수 있다. 실패가 오히려 약이 되기도 한다. 실패가 새로운 꿈의 길을 열어줄 수도 있다. 길이 막혔을 때 새로운 방법을 터득하는 계기도 제공한다. 면역력도 만들어 웬만한 실패에는 끄덕하지 않고 전진할 힘을 주기도 한다. 그러니 실패를 두려워하지 말아야 한다. 오히려 그것을 담담히 받아들이고 새롭게 도전하는 계기로 삼아야 한다.

상대성이론을 발표한 아인슈타인은 도전의 중요성을 이렇게 말한다.

"한 번도 실수한 적이 없는 사람은 한 번도 새로운 것에 도전해 본 적이 없는 사람이다."

실패가 두려워 시도조차 하지 않으면 꿈을 발견하고 이루어갈 수 없다. 토머스 에디슨도 숱한 실패를 했다. 그래도 그는 포기하지 않았다. 그의 말을 들어보자.

"시도했던 것이 모두 잘못되어 폐기되더라도 그것은 또 하나의 전진이기 때문에 나는 절대 실망하지 않는다."

"난 한 번도 실패한 적이 없다. 다만 999번의 잘 안 되는 방법을 찾은 것뿐이다."

에디슨은 전구를 발명하기 위해 999번 실패를 경험했다. 전구 하나를 발명하는 데 무려 22년 동안이나 성공하지 못했다. 하지만 실패의 모든 과정이 성공을 위한 전진이었다. 999번의 실패가 있었기에 어둠을 밝히는 전구가 탄생할 수 있었다.

실패를 두려워하지 마라. 실패란 전보다 훨씬 풍부한
지식으로 다시 시작할 좋은 기회이다.
– 헨리 포드(Henry Ford), 미국의 기업인

라이트 형제는 처음 비행에 성공하기까지 무려 805번 실패했다. 실패 속에서 새로운 방법을 찾을 수 있었고 결국에는 하늘을 날았다.

작가 사무엘 베케트는 자신의 첫 소설이 42번이나 거절당하는 수모를 겪었다. 그는 수도 없이 글을 고치고 다듬었다. 그런 과정을 겪은 후《고도를 기다리며》라는 걸작이 탄생했다. 그는 이렇게 말했다.

"노력했는데도 실패했다면 물러서지 말고 다시 도전하라. 설령 또 실패하더라도 그것으로 강해지는 법이다."

홈런왕 베이브 루스는 홈런을 714개 때렸다. 홈런 개수만큼 삼진 당한 수도 놀랍다. 무려 1,330번 삼진을 당했기 때문이다. 그는 홈런을 714개 때리기 위해 1,000번이 넘게 삼진을 당했다. 삼진이 무서워서 스윙을 하지 못했다면 홈런왕의 타이틀을 차지할 수 없었을 것이다. 실패에서 성공이 탄생한 것이다.

나폴레옹은 수필가로 실패했다. 셰익스피어는 양모 사업가로 실패했다. 링컨은 상점 경영인으로 실패했고 수많은 선거에서도 떨어졌다. 하지만 그들은 포기하지 않았다. 더 강한 정신력으로 무장해 자신이 가장 잘할 수 있는 분야에 도전해 끝내 성공을 거두었다. 만약 그들이 실패하지 않았다면 역사에 길이 남는 인물이 되지 못했을 것이다.

지금은 창의적인 인재가 주목받는 시대이다. 창의적인 인재는 그냥 만들어지지 않는다. 자신 안에 숨겨진 재능과 아이디어를 찾으려 끊임없이 노력할 때 창의적인 사고가 생긴다. 메타의 CEO인 마크 저커버그는 하버드 대학교 졸업식장에서 이렇게 말한다. "가장 위대한 성공은 실패할 수 있는 자유가 있을 때 나온다." 그러니 수 없는 실패에도 포기하지 않는 정신이 뒷받침되어야 한다. 실패는 자신을 더욱 강하게 만들고 새로운 기회를 끌어당기는 힘으로 작용한다. 실패를 어떻게 극복하고 대처하느냐에 따라 여러분의 미래는 달라진다.

* 제 성공을 판단하지 마세요. 제가 얼마나 많이 쓰러졌고 또 어떻게 다시 일어섰는지를 판단해주세요. ―넬슨 만델라

* 나는 실패를 받아들일 수 있다. 모두가 무언가에 실패하기 때문이다. 하지만 난 시도도 하지 않는 것은 받아들일 수 없다. ―마이클 조던

* 성공에 대해 기뻐하는 것은 물론 좋은 일이죠. 다만 그것보다 더 중요한 것은 실패가 주는 교훈에 귀 기울일 줄 아는 것입니다. ― 빌 게이츠

* 어찌 됐든 다시 시도하라. 다시 실패하고 실패해도 나아질 것이다. ―사무엘 베케트

* 아무리 중대한 실수를 저질렀더라도 항상 또 다른 기회는 있기 마련이다. 우리가 실패라 부르는 것은 추락하는 것이 아니라 추락한 채로 있는 것이다. ―메리 픽포드

칠전팔기 정신으로 무장하라

고난은 잠자던 용기와 지혜를 깨운다. 사실, 고난은 우리에게
없던 용기와 지혜를 창조해내기도 한다. 우리는 오직 고난을
통해 정신적으로 성숙해질 수 있다.

— 모건 스콧 펙(Morgan Scott Peck), 미국의 심리상담가

길을 걷다가 넘어질 때가 있다. 그럴 때 여러분은 어떻게 행동하
는가? 넘어진 자리에서 엉엉 울며 걸어가던 길을 포기하고 집으로 돌
아가는가? 아니면 훌훌 털어버리고 가던 길을 향해 씩씩하게 나아
가는가? 질문 자체가 이상하다고 여길 것이다. 거의 모든 사람이 넘
어지더라도 다시 일어서서 가던 길을 걷는다.

이런 삶의 태도는 진로를 디자인하며 나아가는 길에도 똑같이 적
용해야 한다. 꿈의 길을 걷다 보면 분명 넘어질 때가 온다. 그때 가

만히 앉아서 운다거나 포기하면 꿈의 길에 다가설 수 없다. 반드시 자리를 털고 일어나 걸어가야 자신이 원하는 삶의 목표에 다다를 수 있다.

애플의 CEO였던 스티브 잡스는 자신이 세운 회사에서 쫓겨난 적이 있다. 자기중심적이고 독단적으로 일을 처리하는 태도가 화근이었다. 하지만 스티브 잡스는 이내 툭툭 털고 일어나 새로운 길을 걸었다. 그때 세운 회사가 3D 애니메이션 〈토이 스토리〉를 만든 픽사였다. 그는 픽사를 설립하고 화려하게 성공해서 다시 애플로 돌아가게 된다. 스티브 잡스는 애플에서 쫓겨났을 때를 이렇게 회고했다.

"당시에는 몰랐지만 애플에서 해고당한 것은 제 인생 최고의 사건임을 깨닫게 됐습니다. 그 사건으로 저는 성공이라는 중압감에서 벗어나 초심자의 마음으로 돌아가 자유를 만끽하며 인생 최고의 창의력을 발휘할 수 있었습니다."

꿈의 길을 걷다 보면 자기 의도대로 풀리지 않는 경우가 많다. 다른 사람에 의해 시련을 당하기도 한다. 꿈의 길에서 넘어지기도 한다. 그럴 때 우리가 취해야 할 태도는 스티브 잡스처럼 다시 일어서서 자신의 길을 걸어가는 것이다.

이 세상에서 얻을 수 있는 성공은 대부분
망설이고 머뭇거리고 주저하고 동요하는 가운데 놓치고 만다.
— 윌리엄 베넷(William Bennett), 영국의 골동품 연구가

넬슨 만델라는 남아프리카공화국에서 흑인 인권 운동가로 활동하면서 350년 동안 이어진 흑인 차별에 맞서 싸운다. 하지만 그에게 돌아온 것은 혹독한 시련이었다. 수차례 투옥되었고 1964년에는 종신형을 선고받았다. 1990년 석방될 때까지 인생의 3분의 1을 교도소에서 보낸다. 하지만 그는 보란 듯이 다시 일어나 흑인 인권 운동을 시작한다.

석방이 된 후 1년 만에 백인정부와 협상한 결과 350년에 걸친 인종 분규를 종식했다. 1993년에는 그 공로를 인정받아 노벨 평화상을 받았다. 다시 1년 후에는 남아프리카공화국 최초로 흑인 대통령으로 선출되었다. 인생을 좌절과 실패 속에 살았던 그는 이렇게 말했다.

"인생의 가장 큰 영광은 결코 넘어지지 않는 데 있는 것이 아니라 넘어질 때마다 다시 일어서는 데 있습니다."

만델라는 인생의 중요한 가치를 넘어질 때 다시 일어서는 것에서 찾았다. 그러면 언젠가는 새로운 기회를 찾게 되고 원하는 길에 우뚝 서게 된다.

'칠전팔기'(七顚八起)라는 사자성어가 있다. 일곱 번 넘어지면 여덟 번 일어난다는 뜻으로, 결코 좌절하거나 포기하지 않는 모습을 일컬을 때 사용한다. 우리 삶에서도 칠전팔기 정신이 필요하다. 넘어진 횟수는 중요하지 않다. 넘어질 때마다 다시 일어서는 능력이 중요하다. 다시 일어서기만 하면 언젠가는 원하는 삶의 목표에 도달하게 된다. 이것은 변하지 않는 삶의 진리이다.

KFC 창립자 커넬 샌더스는 칠전팔기 정신으로 유명하다. 흰 수염을 기른 인자한 할아버지 모습이지만 그의 어린 시절은 고난의 연속이었다. 6세 때 아버지가 돌아가시고 어머니마저 재혼하고 만다. 그는 혼자 힘으로 온갖 어려움을 견디며 젊은 시절을 보내야 했다. 보험 판매원, 페인트공, 주유소 직원 등 안 해본 일이 없을 정도로 많은 직업을 거쳤다. 상점을 운영하기도 했지만 경제 대공황으로 실패하고 말았다.

40세가 되었을 때 그는 작은 주유소를 운영하게 되었다. 평소 요리에 자신이 있었던 그는 자신만의 요리법으로 닭을 튀겨 손님들에게 판매했다. 독특한 소스가 곁들여진 닭튀김은 입소문을 타고 삽시간에 유명해졌다. 그러나 주유소 식당에 화재가 발생해 어렵게 얻은 모든 것을 한순간에 잃고 만다.

그는 포기하지 않고 다시 도로변에 '샌더스 카페'를 열고 닭튀김 요리와 차를 팔았다. 카페도 예전의 인기를 회복해 장사가 잘되었다. 하지만 고속도로가 생기면서 문을 닫아야 했고, 60세가 다 된 나이에 그는 빈털터리가 되고 말았다.

커넬 샌더스는 포기하지 않고 전 재산인 105달러를 가지고 다시 도전을 시작했다. 이번에는 직접 요리를 하지 않았다. 자신이 개발한 11가지 양념으로 닭을 튀긴 비법을 팔아 로열티를 받기로 했다. 그는 직접 발로 뛰며 식당을 찾아다녔지만 번번이 실패했다. 무려 1,009번이나 좌절을 맛보았다. 당시 그의 나이 68세. 그래도 그는 포기하지 않고 다른 식당을 찾아다녔다. 그러다 1,010번째 찾아간 식당에서 첫 계약을 이끌어낸다. KFC 제1호 체인점이 탄생한 것이다.

그 후로 그의 매장은 입소문이 나면서 승승장구하며 확장되었다. 1971년에는 매장이 무려 3,500개로 늘어났고 2022년 현재 전 세계적으로 1만 개가 넘는 매장을 거느린 세계적인 기업으로 성장했다. 이 모든 것이 커넬 샌더스의 오뚝이 정신에서 비롯된 것이다. 그는 자신의 성공 원인을 이렇게 말했다.

"훌륭한 생각을 하는 사람은 많지만 행동으로 옮기는 사람은 드물다. 나는 생각을 포기하지 않았다. 그 대신 무언가를 할 때마다 그 경험에서 배우고 다음엔 더 잘할 방법을 찾아냈을 뿐이다."

꿈을 이루어가는 데는 대단한 방법이 있는 것이 아니다. 넘어질 때마다 다시 일어나 도전하며 나아가는 것이다.

설득하고
말하는 것이 좋아요

아나운서, 판사·검사·변호사, 리포터, 쇼핑 호스트

아나운서

라디오와 텔레비전 방송 등에서 각종 정보를 전달하거나 프로그램을 진행하는 일을 한다.

아나운서가 되는 길 ▶ 바른 우리말을 사용하는 능력이 필요하며 호감과 믿음을 주는 목소리와 외모도 중요하다. 각 방송사의 시험을 봐서 입사할 수 있는데 방송 관련 공부를 하면 도움이 된다.

판사 · 검사 · 변호사

판사는 재판을 진행하고 법률에 근거해 판결을 내리는 일을 한다. 검사는 범죄를 수사하고 죄가 있으면 재판을 청구해 벌을 받게 하는 일을 한다. 변호사는 개인이나 기업, 단체 등을 대신해 법적인 문제를 해결하고 조언해주는 일을 한다.

판사 · 검사 · 변호사가 되는 길 ▶ 공정하고 진실한 마음가짐은 물론 논리력, 추리력, 비판적 사고력이 필요하다. 학사학위 취득 후 법학전문대학원(로스쿨)을 졸업하고 변호사자격시험과 검사임용시험에 통과해야 한다. 판사가 되려면 10년 이상의 법조 경력이 필요하다.

리포터

텔레비전이나 라디오에서 직접 취재한 내용을 소개하는 일을 한다. 발로 뛰며 인터뷰하거나 취재해서 현장 소식과 정보를 전달한다.

리포터가 되는 길 ▶ 말을 정확하게 전달하는 능력이 필요하며 임기응변에 강해야 한다. 사람을 대하는 자세와 사교성도 중요하다. 방송국 부설 기관이나 사설 교육기관에서 리포터가 되기 위한 교육과 훈련을 받을 수 있다.

쇼핑 호스트

홈쇼핑 채널에서 쇼핑에 관한 프로그램을 진행한다. 제품의 장점을 부각하고 소비자가 궁금해하는 것을 설명하며 구매를 유도하는 일을 한다.

쇼핑 호스트가 되는 길 ▶ 정확한 언어 구사력과 사람의 관심을 집중시키는 화술이 필요하다. 또한 위기에 대처하는 순발력과 재치도 중요하다. 방송 아카데미에서 전문 교육과정을 수료하면 도움이 된다.

끝날 때까지 끝난 게 아니다

'어찌하면 좋을까?' 고민만 하고 노력하지 않는 사람이라면
나도 정말 어찌할 수가 없다.

– 공자(孔子), 중국의 사상가

　뚜렷한 진로도 설정하지 못하고 공부도 변변치 않다고 자책하는
청소년이 많다. 그래도 포기하지 말아야 한다. 우리의 삶은 청소년
시절로 끝나는 게 아니다. 지금부터 잘 준비해나가면 성공적인 삶을
위한 기회가 찾아오기 마련이다. 그때까지 참고 인내하면서 자신이
해야 할 일을 묵묵히 해나가면 그만이다.

　"끝날 때까지 끝난 게 아니다"라는 말이 있다. 미국 메이저리그 뉴
욕 양키스의 전설적인 포수 요기 베라가 한 말이다. 야구는 '9회 말
투 아웃부터'라는 말이 있다. 9회 말에 투 아웃을 당해도 게임은 아

직 끝나지 않은 상태이다. 패색이 짙어도 포기하지 않으면 역전을 시킬 수 있다. 요기 베라는 숱한 게임에서 마음먹기에 따라 역전이 가능한 것을 발견했다. 그래서 '끝날 때까지 끝난 게 아니다'라고 말한 것이다.

꿈을 이루어가는 것도 마찬가지다. 포기하지 않으면 이루지 못할 꿈이 없다. 닉슨 전 미국 대통령의 말처럼 '인간은 패배했을 때 끝나는 것이 아니라 포기했을 때 끝나는 것'이기 때문이다. 포기하는 순간 마음속의 꿈은 바람처럼 사라져버린다.

현대그룹을 세우고 세계적인 기업으로 성장시킨 정주영 회장은 포기하지 않는 정신으로 유명하다. 그의 어록을 보면 포기하지 않는 것이 얼마나 중요한지 알 수 있다.

"무슨 일을 시작하든 '된다는 확신 90퍼센트'와 '반드시 되게 할 수 있다는 자신감 10퍼센트' 외에 안 될 수도 있다는 불안은 단 1퍼센트도 갖지 마라."

"인간이 스스로 한계라고 규정짓는 일에 도전해 그것을 이루어내는 기쁨을 보람으로 여기고 오늘까지 기업을 해왔고 오늘도 도전을 계속하고 있다. 인간의 잠재력은 무한하다. 이 무한한 잠재력은 누구에게나 무한한 가능성을 약속한다. 나는 나에게 주어진 잠재력을 활용해서 가능성을 가능으로 만들었다."

정주영 회장의 말처럼 인간에게는 무한한 잠재력이 숨어 있다. 인간의 뇌세포는 무려 150억 개이다. 귀는 1,600개의 서로 다른 진동파

수를 분간해내고 눈은 빛의 에너지인 광양자까지도 볼 수 있다.

누구나 이 엄청난 능력을 소유하고 있지만 아무나 잠재능력을 폭발시키지는 못한다. 잠재능력은 어떤 어려움에도 포기하지 않겠다는 의지가 있어야 폭발시킬 수 있다.

힘은 이기는 데서 오는 게 아니다. 지금 당신이 겪는 악전고투가 당신의 힘을 키운다. 고난을 겪으면서도 절대로 포기하지 않겠다고 결단하는 것, 그것이 바로 힘이다.
— 아널드 슈워제네거(Arnold Schwarzenegger), 미국의 영화배우

제2차 세계대전을 승리로 이끌고 《제2차 세계대전》이라는 글을 써 노벨 문학상을 받은 윈스턴 처칠. 그는 영국 수상을 역임한 정치인답게 명연설가로도 유명했다. 그는 옥스퍼드 대학교에서 졸업식 축사를 하게 되었다. 정치인으로서 숱한 어려움을 극복하고 전쟁을 승리로 이끌었기에 누구보다 많은 교훈을 기대했다. 처칠이 연단에 오르자 교수와 학생들은 기대에 찬 눈빛으로 연설을 기다렸다. 처칠은 한동안 아무 말 없이 그들을 바라보았다. 그리고 힘 있는 목소리로 한마디를 외쳤다.

"포기하지 마십시오!"

그는 청중들을 천천히 둘러보며 다시 외쳤다. "절대로 포기하지 마십시오!"

그러고는 아무 말 없이 강단에서 내려왔다. 짧은 두 마디 안에는 많은 메시지가 담겨 있었다. 그 의미를 알아차린 청중들은 기립 박수를 보냈다. 어떤 학생은 눈물까지 흘렸다고 한다. 처칠의 삶이 장애를 극복한 인간승리였기에 더 의미가 컸던 것이다.

처칠은 언어장애가 있었다. 언어장애는 학습장애로 이어졌고 성적은 꼴찌를 면치 못했다. 사관학교는 두 차례나 떨어졌다가 간신히 합격할 정도였다. 정치인이 될 때도 첫 선거에서 떨어졌고 기자 생활을 하다가 다시 도전해 당선되었다.

그가 영국의 수상이 되었을 때는 제2차 세계대전이 한창이었다. 전쟁 상황은 최악으로 치닫고 유럽의 대다수 국가는 독일군에게 점령되었다. 프랑스가 점령되기 직전 수상의 자리에 오른 그는 연설에서 영국인들에게 희망을 주며 포기하지 말 것을 강조했다.

"우리 영국이 국기를 내리고 항복하는 일은 절대 없을 것입니다. 대양에서도 싸우고 해안에서도 싸울 것입니다. 들에서도 싸우고 언덕에서도 싸울 것입니다. 결코 항복하지 않을 것입니다."

처칠은 최악의 상황에서도 결코 포기하지 않았다. 포기하지 않는 정신은 전세까지 역전시키는 원동력이 되었고 끝내 영국은 전쟁에서 승리했다.

노벨상도 그의 나이 79세에 받았다. 나이가 들어서도 끝까지 포기하지 않은 결과였다. 결코 포기하지 않는 그의 삶의 경험에서 우러나온 연설 두 문장 "포기하지 마십시오! 절대로 포기하지 마십시오!"

가 많은 것을 느끼게 해준다.

여러분도 이 두 문장을 마음속에 새겨두었으면 한다. 포기하지 않으면 꿈은 반드시 이루어진다. 끝날 때까지는 절대 끝난 게 아니니까 말이다.

나아갈 목표를 바로 설정하라

목표가 있는 사람은
자신이 어디로 가는지 알기 때문에 성공한다.

— 얼 나이팅게일(Earl Nightingale), 미국의 작가

스마트폰의 등장으로 생활의 많은 부분이 달라졌다. 필요한 정보를 손안에서 언제든지 검색할 수 있고 활용도 가능해졌다. 게임은 물론 영화까지 볼 수 있게 되었다. 이 작은 기계에서 쏟아내는 정보의 양과 변화 속도는 놀라울 정도이다. 그러다 보니 뭐든지 빨리빨리 해결되기를 기대한다.

그런데 이런 속도 경쟁이 진로를 설계하고 나아가는 데도 적용되는 것 같아 안타깝다. 당장 가시적인 효과를 거두지 못하면 불안해하고 초조해한다. 원하는 삶의 목표가 제때 이뤄지지 않으면 조급

증에 안절부절못한다. 어떤 청소년은 참지 못하고 극단적인 선택을 하기도 한다.

한 가지 기억해야 할 것이 있다. 인생은 속도 전쟁이 아니라는 것이다. 삶의 길은 목표를 똑바로 겨냥하고 자기 삶의 속도대로 나아가면 된다. 누군가와 비교하며 뒤처진다고 속상해할 필요도 없고, 삶의 목표가 원하는 시기보다 빠르게 이루어졌다고 자만할 필요도 없다. 인생은 속도가 아니라 '방향'이다. 방향 설정이 올바르면 속도 경쟁은 의미가 없다. 그래서 명확한 목표를 설정할 필요가 있다. 분명한 목표가 없는 노력은 과녁을 잃은 활과 같다.

제2의 빌 게이츠로 불리는 사람이 있다. 일본 소프트뱅크의 회장 손정의가 그 주인공이다. 그는 어려운 환경을 극복하고 세계적 기업가로 우뚝 설 수 있었던 이유를 이렇게 말했다.

"한 번뿐인 인생이다. 부모가 시켜서, 갑작스러운 인연으로, 돈이나 벌겠다는 욕심에 뭔가를 시작하고 싶진 않았다. 한 번 길을 정하면 바꾸기 힘들다. 우왕좌왕하는 건 비효율적이다. '오르고 싶은 산을 정하라. 그러면 인생의 반은 결정된다.' 이 생각을 돛대 삼아 고민하고 또 고민했다."

손정의는 어려서부터 오르고 싶은 산을 정했다. 그것은 바로 사업가의 길이다. 호기심과 열정이 샘솟는 일, 누군가에게 도움이 되는 일을 찾다가 사업가를 발견한 것이다. 그는 일생을 걸 만한 사업이 무엇인지 늘 고민했다. 그리고 꿈을 이루기 위해 최선을 다해 노력했다. 그 결과 세계적인 기업가로 성장할 수 있었다.

이 이야기는 청소년에게 커다란 교훈을 준다. 그것은 정확한 목표 설정의 중요성이다. 목표가 분명해야 꿈을 이룰 수 있다. 목표가 있지만 희미하거나, 남의 목표를 따라가거나, 눈앞에 닥친 일에만 몰두하면 안 된다는 의미다. 이렇게 되면 뭔가 열심히 노력은 하지만 그에 걸맞은 결과물을 얻을 수 없다. 자신이 품은 꿈도 지속적으로 성장시키지 못한다. 그때그때 임기응변식으로 대처하다 보니 꿈과 계획을 자꾸 바꾼다. 그래서 명확한 목표를 똑바로 바라보는 것이 중요하다.

> 성공한 모든 사람은 가슴속에 큰 꿈을 품고 있었다.
> 목표가 없는 사람은 목표가 뚜렷한 사람을 위해 일하도록 운명이 결정된다.
> – 브라이언 트레이시(Brian Tracy), 캐나다의 컨설턴트

아프리카 칼라하리사막에는 스프링복이라는 소과 동물이 산다. 보통 20~30마리씩 소규모로 평화롭게 무리 지어 다닌다. 어떤 때는 수만 마리가 무리 지어 이동한다. 그러다 스프링복 수만 마리가 한꺼번에 낭떠러지로 떨어져 죽는 일이 발생하기도 한다. 많은 무리가 한꺼번에 이동할 경우 앞의 무리만 먹이를 뜯어 먹는다. 뒤따르는 무리는 밟힌 풀이나 먹다 만 풀만 뜯어 먹어야 해서 굶기 일쑤이다.

뒤에 처진 스프링복들은 풀을 뜯어 먹으려고 앞으로 나아가려고 한다. 그러면 앞의 무리는 뒤처지지 않으려고 속도를 낸다. 서로 앞서 가려다 싸우게 되고 속도는 점점 빨라진다. 풀을 먹으려던 본래 목적은 사라지고 이제는 먼저 앞서가기 위해 정신없이 내달리기만 한다. 낭떠러지가 나타나도 멈추지 못하고 뒤따라오는 무리에 휩쓸려 함께 떨어져 죽고 만다.

목표를 잃고 경쟁한 대가는 참혹하다. 우리도 이와 같은 일을 경계해야 한다. 친구들과 지나치게 경쟁하다 자신이 나아갈 방향을 잃어버리거나, 목표가 무엇인지도 모른 채 열정을 쏟는다면 스프링복과 같은 일이 발생할 수 있다.

"인생을 성공으로 이끈 사람은 자기 목표를 똑바로 바라보고 항상 겨냥하는 사람이다"라는 말을 가슴에 새기자. 명확한 목표가 없는 노력은 다람쥐가 쳇바퀴를 도는 것과 같다.

주변의 평가에 민감하게 반응하지 마라

행복은 의식적으로 찾는다고 해서 얻어지는 것은 아니다.
좋든 싫든 우리 인생의 순간순간에 충분히 몰입할 때 행복은
오는 것이다.

– 미하이 칙센트미하이(Mihaly Csikszentmihalyi), 미국의 심리학자

진로를 설계하고 나아가는 길은 혼자만의 힘으로는 부족하다.
선생님의 도움과 부모님의 지원이 필요하다. 삶의 길에서 자신의 꿈
을 응원해주고 이끌어줄 멘토나 코치도 있어야 한다. 누군가 자신
의 장단점을 파악해 좋은 방향으로 가도록 조언해주면 금상첨화이
다. 사람은 자기 모습을 똑바로 보기 어렵다. 그래서 자신의 현재 모
습을 있는 그대로 파악하고 이끌어줄 사람이 필요하다.

우리는 잠시라도 집중하지 않으면 시선을 다른 곳으로 빼앗기고

만다. 조금이라도 자극적인 것이 나타나면 자신도 모르게 빠져든다. 그러므로 집중하는 훈련을 해야 한다. 집중은 시선만 모으면 되는 것은 아니다. 눈과 마음과 몸을 한곳으로 모으는 것이다. 어느 하나라도 소홀히 여기면 온전히 집중할 수 없다.

청소년기에는 집중하는 훈련이 필요하다. 학습의 성패는 집중력에 달려 있다. 집중하는 힘이 있어야 좋은 성적을 거둘 수 있다. 학습뿐만 아니라 꿈을 찾는 데도 집중은 매우 중요하다. 그런데 우리가 살아가는 환경에는 꿈에 집중하지 못하도록 하는 일이 너무 많다. 그중 하나가 주위의 평가에 흔들리는 일이다. 꿈을 향해 나아가다 누군가 부정적인 말을 하면 어느새 자기 꿈을 의심한다. 의심이 불신을 부르고 슬그머니 꿈까지 포기하게 만든다.

2012년 노벨 생리의학상 공동 수상자인 존 거든 교수는 한 분야에서 대단한 업적을 이루었지만 학창 시절 주위 평가에 꿈이 흔들렸던 적이 있다. 그는 영국의 명문 사립학교인 이튼스쿨을 다니며 생물학자를 꿈꾸었다. 하지만 그의 생물 성적은 꼴찌를 맴돌았다. 선생님은 그의 꿈을 의심하며 성적표에 다음과 같은 글을 남겼다.

"거든이 생물학자가 되고 싶다는데 현재로 볼 때 상당히 엉뚱하다고 판단됨. 지금의 성적으로는 어림도 없음. 생물학자를 꿈꾸는 것은 바보 같은 생각임."

거든은 선생님의 코멘트를 보고 생물학자의 꿈을 포기하고 대학 진학은 생물학 대신 고전문학으로 정했다. 그는 대학에 들어가 고

전문학을 공부했지만 도저히 만족할 수 없었다. 가슴속에서 생물학 생각이 늘 꿈틀거렸기 때문이다. 포기할 수 없는 꿈이 있다는 것을 발견한 그는 동물학으로 전공을 바꾸고 생물학 연구에 집중했다. 10년 뒤, 그는 사상 최초로 개구리 복제에 성공해 세계적으로 인정받는 노벨상까지 거머쥐었다. 존 거든은 결국 자기 꿈을 이뤘지만, 학창 시절 선생님의 평가에 너무 민감하게 반응하다 조금 먼 길을 돌아오는 어려움도 겪었다.

> 살고, 사랑하고, 웃으라. 그리고 배우라. 이것이 우리가 이곳에 존재하는 이유이다.
> 삶은 하나의 모험이거나 그렇지 않으면 아무것도 아니다. 지금 이 순간, 가슴 뛰는 삶을 살지 않으면 안 된다.
> – 엘리자베스 퀴블러 로스(Elizabeth Kubler Ross), 스위스의 의사

심리학 용어 중 '동조성향'이라는 것이 있다. 동조성향은 타인의 영향을 받아 행동의 변화를 나타내는 현상을 말한다. '친구 따라 강남 가는 것'과 같은 것이다.

미국의 사회심리학자 솔로몬 애시는 동조성향과 관련된 연구를 진행했다. 아이들을 두 그룹으로 나누어 퀴즈를 맞히는 과정을 살폈다. 한 그룹에는 분명한 정답을 이야기해주었다. 다른 그룹에는 정답을 맞혔는데도 틀렸다고 우겼다. 아이들은 처음에는 정답이라

고 확신했지만 시간이 갈수록 점점 혼란스러워했다. 결국 정답을 맞힌 아이는 반으로 줄었다.

한 그룹은 정답을 맞히는 데 방해를 받았고, 다른 그룹은 전혀 방해를 받지 않았다. 방해자들에게 둘러싸인 아이들은 남의 생각에 동조하면서 확신을 잃었다. 자기 자신을 믿느냐 남의 이야기를 믿느냐의 차이였다.

원하는 삶의 목표를 이루려면 자기 꿈에 대한 확신이 필요하다. 주변 사람이 어떤 말을 하더라도 가슴 뛰는 꿈을 붙잡고 나아가야 한다. 주변의 평가, 비교, 부정적인 말에 관심조차 두지 말고 자기 꿈에 집중해야 한다.

전화기를 발명한 알렉산더 그레이엄 벨은 "당신이 하는 일에 온 정신을 집중하라. 햇빛은 한 초점에 모일 때만 불꽃을 내는 법이다"라고 말했다. 꿈을 이루는 것도 이와 같다. 자기 꿈에 온 정신을 집중하고 나아갈 때 꿈은 완성된다.

4차 산업혁명시대 미래 인재가 준비해야 할 능력과 자세

직업능력	능력과 자세
자기 주도적 학습 능력	빠른 변화에 대응하기 위해 스스로 지식과 기술을 찾아서 습득하고 자기 주도적으로 학습하는 태도
창의력 및 융복합 능력	창의성 있는 아이디어로 새로운 제품과 서비스를 개발하고, 새로운 산업을 선도할 수 있는 능력
창업가 정신	4차 산업혁명 기술을 이해하고 활용하여 스스로 새로운 사업을 창업할 수 있는 능력
디지털 문해력	컴퓨터와 IT 기술에 대한 높은 이해와 활용 능력. 즉, 컴퓨터 소프트웨어와 하드웨어의 특징을 이해하고 이를 업무에 활용하고 적용할 줄 아는 능력
문제해결 능력	기술의 진보와 세계화, 세대와 계층 간 갈등 등으로 발생하는 불확실하고 복잡한 문제를 창의적이고 능동적으로 해결할 수 있는 능력
협업 능력	구성원 간의 원활한 협업을 위해 다른 전문가들이 사용하는 기술과 언어를 이해하고, 그들이 일하는 방식과 생각하는 방식을 이해하고자 하는 능력
공감 및 소통 능력	인터넷과 SNS, 가상현실 등으로 연결된 초현실 사회에서 사람들의 욕구를 이해하고 공감하며 소통할 수 있는 능력

* 출처: 워크넷

참고 견디는 능력을 갖추라

쉽고 편안한 환경에서는 강한 인간이 만들어지지 않는다.
시련과 고통의 경험으로만 강한 영혼이 탄생하고, 통찰력이
생기며, 일에 대한 영감이 떠오르고 마침내 성공할 수 있다.
– 헬렌 켈러(Helen Keller), 미국의 사회사업가

참고 견디는 능력이 필요할 때이다. 청소년들이 빠른 속도에 길
들여지다 보니 참고 기다리기를 힘들어한다. 꿈을 이루어가는 과정
에서도 보람과 즐거움을 찾기보다는 당장 눈에 보이는 결과를 원
한다.

당연히 원하는 결과를 성취할 때 기쁘다. 그런데 결과의 성취보
다 더 기쁨을 느끼는 때가 있다. 바로 원하는 삶의 목표를 향해 한
단계 한 단계 전진하고 있다는 것을 발견할 때이다. 삶의 목표를 이

루는 과정에서 얻은 기쁨이 결과물을 획득한 것 못지않게 보람이 있다. 그 과정을 빼고 순식간에 원하는 결과를 얻는 것은 반쪽짜리 기쁨에 불과하다. 쉽게 얻은 것은 쉽게 잊힌다.

꿈을 이루려면 열매가 맺힐 때까지 기다릴 줄 알아야 한다. 꿈을 이루며 나아가는 과정에서 인내를 훈련할 수 있다. 꿈은 한순간에 마법처럼 이루어지지 않기에 더욱 인내하는 훈련이 필요하다. 그렇다고 해서 무조건 참고 기다리라는 말은 아니다. 인내의 진정한 의미는 원하는 목표가 이루어질 때까지 포기하지 않는 것이다.

옛날에 부지런하기로 소문난 농부가 있었다. 그는 열심히 일해서 수많은 논과 밭을 일구었다. 반면에 그의 아들들은 하나같이 게을렀다. 부지런한 농부는 아들들이 걱정되었다. 열심히 땀을 흘리지 않으면 땅에서 수확할 수 있는 것이 없다는 것을 알았기 때문이다. 부지런한 농부는 어느덧 나이가 들어 죽음의 순간을 맞이했다. 하지만 아들들 때문에 쉽게 눈을 감지 못했다. 어느 날 아들들을 불러 모아놓고 이렇게 유언을 했다.

"이제 내 생명도 다 된 것 같구나. 내 마지막으로 너희에게 물려줄 보물 이야기를 해주마."

매일 빈둥빈둥 놀기만 하던 아들들은 보물을 물려준다는 말에 귀가 번쩍 뜨였다. 그들은 모두 아버지 곁에서 귀를 쫑긋 세웠다.

"사실은 저 포도밭에 너희를 위해 보물을 숨겨두었다. 내가 죽으면 너희가 천천히 파내어 쓰도록 하여라."

부지런한 농부가 숨을 거두자 아들들은 모두 포도밭으로 향했다. 그들은 보물을 찾기 위해 구석구석을 파헤쳤다. 하지만 보물은 발견되지 않았다. 그래도 그들은 쉬지 않았다. 그러자 놀라운 일이 벌어졌다. 땅은 기름지기 시작했고 포도나무에서 꽃이 피고 포도송이가 주렁주렁 맺혔다. 날이 갈수록 포도송이는 탐스럽게 변했다. 포도를 많이 수확한 것은 물론이다. 포도를 수확해 많은 돈을 벌어들인 아들들은 그때야 아버지가 숨겨둔 보물의 의미를 깨달았다. 꿈을 이루어가는 과정도 이와 다르지 않다. 반드시 꿈의 싹에서 줄기가 나고 꽃이 피는 시기가 있다. 그때까지 참고 기다리며 꾸준히 노력을 기울여야 한다.

뜨거운 가마 속에서 구워낸 도자기는 결코 빛이
바래는 일이 없다. 이와 마찬가지로 고난의 아픔에
단련된 사람의 인격은 영원히 변하지 않는다.
안락은 악마를 만들고 고난은 사람을 만드는 법이다.
– 쿠노 피셔(Kuno Fischer), 독일의 철학자

지구상에 존재하는 광물 중 사람들이 관심을 두는 것의 하나가 우라늄이다. 우라늄은 핵무기와 원자력 발전의 원료로 쓰인다. 요즘은 암 환자 치료용으로도 사용한다. 이렇듯 활용 가치가 커서 우라늄을 얻기 위한 세계 각국의 경쟁이 치열하다. 그렇지만 우라늄은

1940년대까지 중요한 취급을 받지 못했다. 그저 도자기 유약이나 타일을 만드는 재료로 사용되었다. 당시 유명한 사전들도 우라늄을 이렇게 정의했다. '매우 희귀한 금속의 일종, 무겁고 흰빛이 난다. 유리와 자기를 만들 때 사용되며 일부는 색소로 쓰인다. 천연 상태로는 사용할 수 없으며 별로 중요하게 쓰이지 않는다.' 우라늄은 올바른 사용법을 알기 전까지 중요한 광물이 아니었다. 하지만 유용한 사용법을 알게 되자 가장 필요한 광물로 취급받게 됐다.

이것은 모든 일에는 때가 있다는 것을 의미한다. 때가 될 때까지 참고 기다려야 한다는 뜻이다. 그러니 꿈의 길을 걸어갈 때 너무 쉽게 포기하지 말아야 한다. 꽃이 피고 열매가 맺힐 때까지 참고 기다려야 한다. 그것이 청소년이 익히고 배워야 할 덕목이다.

독일의 소설가 요한 볼프강 폰 괴테는 《파우스트》를 23세에 쓰기 시작해 82세에 끝냈다. 한 작품을 완성하는 데 무려 60여 년이 걸린 것이다. 일생을 바쳐 글을 쓰고 고치기를 반복했다. 그 과정에서 얼마나 많은 인내가 있었을지 상상이 된다. 그런 인내가 세월이 흘러도 많은 사람에게 읽히고 감동을 주는 대작으로 탄생한 것이다.

세상 어떤 것이든 결과물을 얻으려면 인내가 필요하다. 인내 없는 성공과 성취는 없다는 사실을 기억하며 오늘의 삶에서 인내를 훈련하면서 나아가자.

자연과 동물이 좋아요

곤충학자, 수의사, 동물사육사, 지질학자, 해양수산 기술자

곤충학자

곤충이 알에서 깨어나고 먹이를 먹고 성장하는 모든 과정을 관찰하여 특징을 알아낸다. 곤충이 사람에게 어떤 영향을 미치고 도움을 줄 수 있는지도 연구한다.

곤충학자가 되는 길 ▶ 곤충을 사랑하는 마음은 물론 모험심과 호기심이 필요하다. 끈기와 인내심도 요구된다. 대학에서 생물학을 전공한 후 자신의 전문 연구 분야에 따라 곤충학자, 생물물리학자,

생물분류학자, 생태학자 등으로 일할 수 있다.

수의사

가축이나 동물의 질병을 치료하고 예방하는 등 동물과 관련된 전반적인 일을 한다. 때로는 외국에서 수입하는 식품의 품질을 검사하는 일도 한다.

수의사가 되는 길 ▶ 동물을 사랑하고 이해하는 마음이 있어야 하며 섬세한 관찰력도 필요하다. 수의사가 되려면 대학에서 수의학을 공부하고 수의사 국가고시에 합격해 자격증을 얻어야 한다.

동물사육사

동물원의 동물에게 먹이를 주고 동물이 건강하게 살도록 보살피며 관리하는 일을 한다. 공연이나 인명구조와 같은 특수한 목적으로 동물을 훈련하는 일도 한다.

동물사육사가 되는 길 ▶ 동물을 아끼고 사랑하는 마음이 필요하다. 대학에서 수의학, 축산학, 동물자원학 등을 공부하면 유리하다. 동물사육사가 되는 정식 교육과정은 많지 않으므로 동물원에 취업해 경험을 쌓으며 배워야 한다.

지질학자

지구를 구성하는 고체와 액체의 물질 그리고 지구가 형성된 과정을 연구하는 과학자이다. 지하자원 개발과 국토 개발의 기초가 되는 것을 연구하기도 한다.

지질학자가 되는 길 ▶ 끈기와 인내력, 분석력과 논리력이 필요하다. 대학에서 지질학이나 지구물리학을 공부하고 대학원 과정을 마쳐야 전문적인 공간에서 연구 활동을 이어갈 수 있다.

해양수산 기술자

수산자원의 관리·증식·양식, 수산물의 생산과 가공 등에 관련된 연구와 기술 개발 업무를 담당한다. 수산업의 진흥을 위해 바닷물고기류의 생태를 파악하고 품질과 생산성을 높이는 연구도 수행한다.

해양수산 기술자가 되는 길 ▶ 바다에서 일하는 경우가 많으므로 강인한 체력과 관찰력이 필요하다. 대학에서 해양생물학, 수산자원학, 해양환경공학, 수산학 등을 공부하면 도움이 된다. 연구 개발을 하려면 박사학위는 물론 관련 자격증을 취득해야 한다.

Part 3

이기는
태도를
습득하라

삶을 대하는 태도를 점검하라

인생을 결정짓는 것은 우리가 처한 환경이 아니라
이를 대하는 우리 태도이다.

– 넬슨 만델라(Nelson Mandela), 남아프리카공화국의 최초 흑인 대통령

　미국 대학에서는 신임 교수를 채용할 때 인사위원들과 함께 꼭
식사시간을 마련한다고 한다. 그 사람의 매너와 인품 등을 관찰하
기 위해서다. 식사하는 모습을 보면 평소 그 사람의 삶의 태도가 고
스란히 드러나기 때문이다. 이러한 면접 방식은 경험자들에 따르면
절대로 실패한 적이 없다고 한다. 최근 기업에서도 간부를 채용하거
나 사업 파트너를 선정할 때 식당을 찾는다고 한다. 이것이 삶의 태
도를 볼 수 있는 가장 좋은 방법이라고 CEO들은 이구동성으로 말
한다.

살다 보면 스스로 선택할 수 없는 상황에 부딪힐 때가 있다. 내 힘으로 도저히 해결할 수 없는 좌절을 맛볼 때도 있다. 불가항력으로 꿈을 이루어나가지 못하면 너무 속상하다. 그런데 외부 요인이 아니라 자신의 태도 때문에 꿈을 이루지 못한다면 그건 더욱 가슴 아프다. 태도는 자신의 마음이 겉으로 나타난 모습이다. 그런데 이것은 누군가의 지시나 강요에 따른 것이 아니라 온전히 자신의 선택으로 결정된다.

사람은 누구나 마음으로 느낀 바를 표현하며 살게 돼 있다. 잠시 태도를 위장하여 사람을 속일 수는 있겠지만 오래가지 못한다. 태도는 늘 겉으로 드러나려는 속성이 있기 때문이다. 영국의 역사학자 토머스 칼라일은 태도의 중요성을 이렇게 말했다.

"진지하게 일하는 사람에게는 항상 희망이 있다. 나태한 사람에게는 늘 절망만이 있을 뿐이다."

데니스 휘틀리라는 사람은 태도의 근원인 마음자세에 대해 이렇게 말했다.

"성공하느냐, 성공하지 못하느냐는 전적으로 마음의 자세에 달려 있다. 그것은 결코 타고난 능력이 아니다. 마음의 준비는 당신이 희망하는 문의 열쇠가 되기도 하고 그 문을 잠가버리는 자물쇠가 되기도 한다."

즉, 자신이 어떤 마음자세를 가지느냐에 따라 삶을 대하는 태도가 달라진다. 밝고 경쾌한 마음을 가질 것인가, 어둡고 우울한 마음을 가질 것인가. 그것은 바로 자신의 선택에서 비롯된다는 것을 명심해야 한다.

> 내가 매일 내릴 수 있는 결정 중에서 가장 중요한 것은 태도의 선택이라 생각한다.
> 태도만이 내 희망에 화력을 더해주기도 하고 희망을 꺼지게 만들기도 한다.
>
> —찰스 스윈들(Charles R. Swindoll), 미국의 복음주의 목사

대학입시 면접, 회사 입사 면접 등 다양한 면접은 그 사람의 태도를 보려는 것이다. 서류상으로 확인할 수 없는 태도를 직접 보며 당락을 결정짓겠다는 의도로 시행하는 것이다. 태도는 하루아침에 만들어지지 않는다. 오랜 세월에 걸쳐 습관으로 형성되기 때문에 태도는 사람을 평가하는 중요한 잣대가 된다. 그래서 평소 삶의 태도에 대한 점검이 필요하다.

그렇다면 청소년기에는 어떤 삶의 태도를 배우고 만들어가야 할까? 먼저 긍정의 태도를 배워야 한다. 우리 삶은 긍정보다는 부정에 더 적극적으로 반응하게 되어 있다. 부정적인 것에는 저절로 반응하지만 긍정적인 것에는 노력을 기울여야 한다.

불평과 불만은 무심결에도 나타나지만 감사하는 마음은 훈련이 필요하다.

"비관주의자는 매번 기회가 찾아와도 고난을 본다. 낙관주의자는 매번 고난이 찾아와도 기회를 본다."

윈스턴 처칠의 말처럼 긍정은 훈련으로만 기를 수 있다. 그러므로 청소년 시기에는 반드시 긍정적인 삶의 태도를 보이도록 힘써야 한다.

감사하는 태도를 훈련하는 것도 중요하다. 감사는 자신이 처한 상황을 어떻게 생각하고 행동하는지 알 수 있는 척도이다. 감사하는 마음을 품으면 아무리 어렵고 힘든 상황에서도 긍정적인 요소를 찾게 된다. 라이피 곱스라는 사람은 "감사할 줄 모르는 자를 벌하는 법은 없다. 감사를 모르는 삶 자체가 벌이기 때문이다"라는 말을 했다. 감사하지 않는 삶, 그 자체가 지옥이기에 그런 말을 한 것이다. 감사하는 태도에 대해 로버트 슐러라는 사람은 이렇게 말했다.

"하루에도 수없이 많은 기적이 일어나지만 그것을 기적으로 믿는 사람에게만 기적이 된다."

같은 상황에서도 바라보는 태도에 따라 기적을 일으킬 수도, 삶을 바꿀 수도 있다는 의미이다. 인생을 역전시키는 것도 삶의 태도에서 시작된다.

예의범절을 갖추는 태도도 중요하다. 개인주의가 팽배하다 보니 윗사람에 대한 공경을 찾아보기 힘든 시대가 되었다. 부모가 자식에 대한 책임을 다하는 것은 당연하게 여기면서 자식이 부모를 공경하고 효도하는 데는 무관심하다. 그렇다고 조선시대 같은 효도의 가치를 내세우는 것은 아니다. 마음으로부터 부모님을 존경하고 감사해야 한다는 뜻이다. 그리고 그런 마음을 표현한다면 더욱 좋다.

　삶을 대하는 작은 태도의 차이가 인생을 결정한다. 내가 변하면 모든 것이 변한다. 태도를 변화시키는 것이 현재와 미래를 바꾸는 지름길이다.

시간을 지배하는 사람이 앞서간다

시간을 낭비하는 것은 자신을 내버리는 것과 같다. 지식이
많은 사람일수록 시간의 손실을 안타까워하지만, 지식이 얕은
사람은 시간이 다 지난 뒤에야 소중함을 깨닫는데, 이미 때는
늦은 것이다.

― 단테 알리기에리(Dante Alighieri), 이탈리아의 작가

세상은 불공평하다. 모든 것이 불공평하지만 한 가지 세상 모든
사람에게 공평하게 주어진 것이 있다. 바로 시간이다. 성공한 사람에
게는 25시간, 실패한 사람에게는 23시간이 주어지는 게 아니다. 모두
에게 똑같이 주어진 시간을 어떻게 보내느냐에 따라 삶이 좌우된다.

이미 성공적인 삶을 산 사람이 전해준 명언 중에는 시간과 관련
된 것이 많다. 그들이 인생을 살아보니 결국 중요한 것은 시간을 효

율적으로 사용하는 능력이라는 것을 알았기 때문이다. 미국의 독립 선언서를 쓰고 수많은 발명품을 만든 벤저민 프랭클린은 시간의 중요성을 이렇게 말했다.

"그대는 인생을 사랑하는가? 그렇다면 시간을 낭비하지 말라. 왜냐하면 시간은 인생을 구성하는 재료니까. 똑같이 출발했지만 세월이 지난 뒤에 보면 어떤 사람은 성공하고 어떤 사람은 낙오자가 되어 있다. 이 두 사람의 거리는 좀처럼 좁힐 수 없는 것이 되어버렸다. 이것은 하루하루 주어진 시간을 잘 이용했느냐, 허송세월하였느냐에 따라 달라진다."

《레미제라블》을 쓴 프랑스의 소설가 빅토르 위고도 시간과 관련된 명언을 남겼다.

"인생은 짧다. 하지만 우리는 부주의하게 시간을 낭비하여 짧은 인생을 더욱 짧게 만든다."

삶의 승부는 결국 시간을 사용하는 능력에 따라 달라진다는 의미이다.

《죄와 벌》,《카라마조프가의 형제들》의 저자 도스토옙스키는 러시아의 대문호이다. 하지만 그가 처음부터 대작을 쓴 것은 아니다. 시간의 중요성을 깨닫기 전까지는 그저 평범한 작가에 지나지 않았다. 그는 농민반란을 선동했다는 혐의로 총살형을 선고받았다. 두건이 씌워지고 양손이 묶인 채 사형 집행장으로 끌려갔다.

그때 지난날의 삶이 주마등처럼 머릿속을 스쳐 지나갔다. 시간을 낭비하며 보낸 삶이 떠오른 것이다. 그는 후회하며 마음속으로 이렇게 다짐했다.

'만약 여기서 살아나간다면 내 삶은 매초를 한 세기처럼 살아가리라. 스쳐가는 모든 것을 소중하게 여기리라. 인생의 단 1초도 허비하지 않으리라.'

그 순간 마차 한 대가 사형장을 가로질러 들어왔다. 그 마차에는 황제의 명령서가 있었다. 황제는 그를 사형에 처하는 대신 유배를 보낸다고 했다. 가까스로 목숨을 건진 도스토옙스키는 동생에게 이런 편지를 보냈다.

"지난날 실수와 게으름으로 허송세월했던 시간을 생각하니 심장이 피를 흘리는 듯하다. 인생은 신의 선물……. 모든 순간이 행복일 수도 있었던 것을! 아아 좀 더 일찍, 좀 더 젊었을 때 알았더라면! 이제 내 인생은 바뀔 것이다. 다시 태어난다는 말이다."

그는 4년간 유배 생활을 하게 된다. 쇠고랑으로 손과 발이 자유롭지 못했지만 창작활동을 해나갔다. 글을 쓸 수 없었기에 머릿속에 글을 저장했다. 단 1분 1초도 허비하지 않겠다는 신념을 실제로 지킨 것이다.

유배 생활을 마친 그는 머리에 저장해둔 글을 책으로 펴냈다. 그때 낸 책이 《죄와 벌》, 《악령》, 《카라마조프가의 형제들》과 같은 대작들이었다. 이 작품들은 시간의 소중함을 깨달은 후에 얻은 값진 결과였다.

당신이 삶을 사랑한다면 시간을 낭비하지 않는 게 좋다.
시간이야말로 인생을 형성하는 재료이다.

— 벤저민 프랭클린(Benjamin Franklin), 미국의 과학자 겸 정치인

시간의 주인이 되려면 몇 가지를 기억해야 한다. 보통 시간을 잘 관리하려면 계획표를 치밀하게 짜고 그것을 제대로 실천해야 한다고 생각한다. 하지만 그것보다 먼저 생각할 것은 '무엇을 위한 계획표를 짤 것인가'이다. 시간을 사용하기 위한 분명한 목표와 목적이 있어야 한다.

분명한 목표를 세운다는 것은 우선순위를 정하는 것과 같다. 꼭 해야 할 일과 나중에 해야 할 일, 포기해야 할 일을 정하는 것이다. 포기해야 하는 일은 대부분 삶을 방해하는 요소다. 습관처럼 행동하는 나쁜 버릇들이다. 그것을 제거해야 시간을 효과적으로 관리할 수 있다. 우선순위 아래 꼭 해야 하는 일을 미루지 않는 것도 시간 관리에서 매우 중요하다. 지금 해야 할 일을 내일로 미루면 시간 관리도 안 될뿐더러 삶이 혼잡해지기 때문이다.

시간을 효율적으로 관리하려면 자투리 시간을 활용하는 것도 좋다. 화장실에서 용무를 보는 시간, 이동하는 시간, 식사시간 등 활용할 수 있는 시간은 매우 많다. 이를 잘 활용해도 시간의 주인이 될 수 있다. 내가 사용하지 않는 시간은 화살처럼 지나가 버린다. 시간을 지배할 줄 아는 사람이 인생을 지배한다는 사실을 명심해야 한다.

NOW ✚ 무슨 일이든 자꾸 미루면 그 일을 처리할 때까지 부담감과 스트레스를 갖게 된다. 해야 할 일은 곧바로 하는 것이 시간 관리의 우선이다.

THINKING ✚ 급하다고 허둥대면 꼭 실수가 생기고, 같은 일을 반복하게 되어 효율성이 떨어진다. 시작 전에 잠깐 머릿속에 그림을 그리고 일을 처리하면 시간을 아낄 수 있다.

DIARY ✚ 하루의 일들을 정리하고 내일의 계획을 세우는 것은 시간 관리의 기초공사와 같다. 기초가 튼튼해야 안전하고 아름다운 집을 지을 수 있다.

IMPORTANT THING ✚ 급한 일이 아니라 중요한 일을 먼저 처리하는 습관은 행복하고 알찬 생활의 출발점이다.

최선보다 중요한 것은 우선순위이다

최선을 다하고 있다고 하지 말고 필요한 일을 반드시 해내라.

– 윈스턴 처칠(Winston Churchill), 영국의 정치가

열정만 가득하다고 해서 원하는 삶의 목표가 이루어지지는 않는다. 최선을 다해 꿈의 길을 걷는 것보다 중요한 것은 우선순위를 정하는 것이다. 우선순위는 삶의 질서를 바로잡아준다.

어떤 강사가 강의 중에 항아리 하나를 탁자 위에 올려놓고 실험을 했다. 강사는 항아리에 큰 돌을 가득 채우고 청중들에게 물었다.

"이 항아리가 채워졌습니까?"

많은 사람이 "예"라고 대답했다. 그러자 강사는 탁자 밑에서 자갈을 꺼내더니 다시 항아리에 넣었다. 큰 돌 사이로 자갈이 빼곡히 들어갔다. 다시 강사가 "항아리가 채워졌나요?"라고 물었다. 청중들은

대답 대신 의아한 눈길로 강사를 바라보았다. 강사는 다시 모래를 꺼내 항아리에 넣었다. 모래는 항아리 빈틈으로 빨려 들어갔다. 그다음 강사는 아무 말 없이 물병을 꺼내더니 항아리에 부었다. 그랬더니 많은 물이 항아리에 들어갔다. 그제야 항아리는 가득 채워졌다.

만약 강사가 큰 돌부터 차근차근 넣지 않았다면 어떻게 되었을까? 항아리를 가득 채웠던 작은 돌과 모래들은 넣을 수 없었을 것이다. 이것은 우선순위의 중요성을 이야기한다. 우선순위를 정해서 순서대로 넣어야 항아리를 채울 수 있다.

꿈을 이루려면 우선순위를 정하며 살아가야 한다. 우선순위를 바로 세우지 않으면 삶이 복잡해진다. 꼭 해야 할 일을 할 시간도 확보하지 못한다. 특히 학생은 공부, 운동, 봉사활동, 취미 생활 등 할 일이 많다. 이때 우선순위를 명확하게 설정해놓으면 어떠한 상황에서도 흔들리지 않는다. 이것도 하고 저것도 한다는 식으로 접근하면 좋은 결과를 기대할 수 없다.

큰 돌이 의미하는 것은 중요한 일이라 할 수 있다. 미래를 위해 독서하고 공부하는 일을 말한다. 자신의 꿈이 무엇인지 알고 준비하는 것이다. 모래와 물이 의미하는 것은 일상생활에 필요한 잡다한 일이나 불필요한 행동들이다. 의미 없는 습관으로 굳어진 버릇이나 취미들이다. 가령 게임이나 불필요한 SNS 활동도 이에 해당한다. 모래로 가득한 삶에는 큰 돌과 자갈이 들어갈 자리가 없다. 한번 점검해보라. 여러분에게 큰 돌, 자갈, 모래, 물은 무엇인지 말이다.

매일 아침 하루 일과를 계획하고 그 계획을 실행하는 사람은
바쁜 삶에서도 자신을 안내할 한 올의 실을 지닌 것이다.
그러나 계획 없이 단순히 우발적으로 시간을 사용한다면, 곧
무질서가 삶을 지배할 것이다.
– 빅토르 위고(Victor-Marie Hugo), 프랑스의 소설가

세계적인 경영학자 짐 콜린스가 경영의 대가로 거듭날 수 있었던
것은 그의 멘토인 피터 드러커의 조언 덕분이었다. 어느 날 드러커가
콜린스에게 물었다.

"자네, 해야 할 일의 리스트가 있는가?" "예. 리스트를 준비해두고
있습니다."

콜린스의 명쾌한 대답에 드러커가 다시 물었다. "그렇다면 하지
말아야 할 일의 리스트도 있겠지?"

"……."

콜린스는 아무 대답도 할 수 없었다. 해야 할 리스트는 준비해두
었지만 하지 말아야 할 리스트는 없었기 때문이다. 이것저것 하고 싶
은 일이 많았던 콜린스는 한 가지 일에 역량을 집중하지 못했다. 삶
이 바쁘기만 했지 효율적이지는 못했다. 그 대화 이후 콜린스는 중
요한 일과 꼭 해야 할 일, 하지 말아야 할 일을 정해서 실천했다. 그
때부터 생활이 변화돼 저술과 경영 컨설팅에서 명성을 얻기 시작했다.

일본 경영품질상을 받은 주식회사 무사시노의 고야마 노보루 무

사시노 사장은 우선순위의 중요성을 이렇게 말했다.

"해야 할 일보다 하지 말아야 할 일을 우선 정해야 합니다. 능력이 없는 사람일수록 많은 것을 하려고 하지요. 가만히 있어도 힘이 달리는데 여러 가지를 하니까 어디서도 최고가 될 수 없습니다. 최고가 되려면 먼저 하지 말아야 할 것을 정하고, 해야 할 일에 자기가 가진 모든 것을 쏟아부어야 합니다. 그러면 누구라도 어느 분야에서든 최고가 될 수 있습니다."

게임이나 SNS, 검색 등은 시간을 의미 없게 보내는 것의 대표적인 예다. 이것들로 순간의 쾌락은 즐길 수 있겠지만, 진정한 삶의 기쁨은 누릴 수 없다. 진정한 기쁨은 성장하는 데서 찾을 수 있기 때문이다.

많은 청소년이 '하고 싶은 일'과 '해야 하는 일' 사이에서 고민한다. 어떤 것을 먼저 해야 할지 모른다. 이때는 '하고 싶은 일'을 하기 위해 '해야 하는 일'을 먼저 하는 게 좋다. 예를 들어 게임을 하고 싶다면 해야 하는 공부를 먼저 하는 것이다. 해야 하는 일을 잘 끝내면 하고 싶은 일을 할 때 좀 더 홀가분하게 즐길 수 있다.

우선순위를 어떻게 정하고 관리하느냐에 따라 삶의 결과는 다르게 나타난다. 카메라 망원렌즈의 원리를 활용해보라. 한곳에 초점을 맞추면 다른 곳이 흐리게 보이는 것처럼 내가 꼭 해야 하는 일에 초점을 맞추면 다른 것은 희미하게 보인다. 그러면 꼭 해야 하는 일에 집중할 수 있다.

계획의 생명은 데드라인에 있다

어떤 목표도 좌절과 방해를 겪지 않고 이루어지는 법은 없다.
구체적인 형태로 목표를 세우고 기한을 정하라.

— 맨터니 로빈스(Manterny Robins), 미국의 작가

새해가 되거나 새로운 학년이 시작되면 누구나 하는 일이 있다.
바로 계획을 세우는 것이다. 자신이 원하는 목표에 따라 실행할 계
획을 세우면서 뿌듯해한다. 하지만 대부분 며칠이 못 되어 작심삼일
로 끝난다. '이번에는 제대로 변해야 해!'라며 도전하지만 끝내 포기
하고 만다. 계획을 세우기 전과 별다를 바 없는 삶으로 회귀하며 괴
로워한다.

이런 경우가 반복되면 슬그머니 고개를 들고 나타나는 것이 있
다. '자기비하'이다. '나는 안 되나 봐', '어떻게 삼일도 못 가냐'라는

식으로 자기를 '아무것도 못하는 사람'으로 취급해버린다. 이렇게 반복적으로 계획을 세우고 실패하는 이유는 무엇일까? 그것은 바로 데드라인, 즉 최종 기한을 정해놓지 않고 계획만 세웠기 때문이다.

개인과 기업의 변화를 이끌어온 브라이언 트레이시는 강연료가 시간당 8억 원에 달하는 컨설팅의 대가이다. 그는 컨설팅을 해주면서 데드라인의 중요성을 이렇게 강조했다.

"최종 기한이 없는 목표나 노력은 장전하지 않는 총탄과 같다. 스스로 최종 기한을 정해놓지 않는다면 당신의 삶은 '불발탄'으로 끝나게 된다."

결국 목표 성취의 성패는 데드라인 설정 유무에 달려 있다는 것이다. 자기경영 전문가인 공병호도 자신이 저술한 《자기경영 노트》에서 이렇게 말했다.

"느슨한 상태에서는 누구든 아무리 오랜 시간 일을 하더라도 큰 효과를 거두기가 힘들다. 일단 데드라인을 설정하고 그 시간에 맞춰 일을 집중적으로 하는 습관을 들이는 것이 필요하다. 데드라인에 임박해 어떤 일을 처리해가는 과정에서 과거와는 전혀 다른 두뇌의 움직임을 감지할 수 있다. 데드라인이 일단 두뇌에 투입되면 적당한 긴장감과 비장감이 더해지면서 두뇌는 그동안 입력된 수많은 정보와 지식을 불러내어 자신이 희망하는 혹은 간절히 원하는 아이디어를 만들어내는 속성이 있다."

데드라인 설정은 흐지부지 포기하는 일에 생명력을 불어넣는다.

며칠 동안 매달렸던 일도 데드라인을 설정하면 짧은 시간에 해낼 수 있다. 기자들을 보면 데드라인의 중요성을 실감한다. 그들은 마감 시한 안에 기사를 처리해야 하므로 데드라인의 힘을 제일 많이 체험한다. 촉박한 시간에 기사를 완성해야 하지만 어느 신문기사를 보아도 완성도가 낮은 기사는 찾아보기 힘들다. 데드라인 때문에 오히려 집중도가 높아져 완성도 높은 기사를 쓰는 것이다.

> 진정한 시간의 가치를 알라. 순간순간을 잡아채고,
> 붙들고, 즐겨라. 한가함도, 게으름도, 미루는 버릇도 안 된다.
> 오늘 할 일을 내일로 미루지 말라.
> ― 체스터필드 경(Lord Chesterfield), 영국의 정치가

사실 데드라인은 의미심장한 말이다. 끝내지 않으면 죽는다는 각오로 실행 계획을 세우라는 의미가 담겨 있다. 데드라인을 세워두면 일을 미루지 않게 된다. 그래서 계획을 세울 때는 반드시 데드라인을 설정해야 한다.

예를 들어 '이번 주에는 꼭 책을 읽어야지'라는 목표는 흐지부지되기 십상이다. 언제까지 어떤 책을 읽어야 하는지 구체적인 데드라인이 없기 때문이다. 가령 '이번 주 금요일 6시까지 ○책 한 권 읽기'처럼 구체적인 마감시한을 명시해 계획을 세워야 한다.

공부 계획을 세울 때도 마찬가지다. 단순히 '수학 공부하기'가 아

니라 '몇 단원부터 몇 단원까지는 오늘 몇 시까지 풀고 이해할 것'과 같이 구체적인 데드라인을 정해 계획을 세워야 한다. 시험 계획을 세울 때도 마찬가지다. 국어점수를 ○○점 올리려면 언제부터 어떻게 공부할 것인지에 대한 명확한 계획을 세워야 그것을 실행에 옮길 수 있다. 이처럼 다짐이 현실이 되려면 반드시 데드라인을 설정해야 한다. 그것이 여러분의 꿈을 현실화하는 지름길이 되어줄 것이다.

한편 목표를 세울 때 너무 크게 잡는 것보다는 작게 나누면 도움이 된다. 작은 목표를 세워 성공하면 성취감이 생기고 자신감도 상승해 새로운 도전을 이끌 수 있다. 이런 성취 경험은 자존감을 높여주고 어렵고 힘든 일도 도전하려는 의지를 북돋아준다.

다른 사람을 돕고
가르치는 것이 좋아요

간호사, 초등학교 교사, 경찰관, 소방관,
사회복지사, 상담전문가, 의사

간호사

의료기관에서 환자의 건강을 회복·유지하고 증진하도록 돕는 전문적인 의료활동을 수행한다.

간호사가 되는 길 ▶ 투철한 봉사정신과 아픈 사람을 긍휼히 여기는 마음 그리고 응급상황에 빠르게 대처할 수 있는 판단력과 순발력이 요구된다. 간호사가 되려면 간호학을 전공한 후 국가고시에 합격해 자격증을 획득해야 한다.

초등학교 교사

초등학교에서 아이들의 학습 지도와 더불어 인성, 생활 등 전반적인 교육을 담당한다.

초등학교 교사가 되는 길 ▶ 아이들을 아끼고 이해하며 사랑하는 마음이 필요하다. 아이들에게 모범을 보일 수 있는 성품도 요구된다. 교육대학이나 한국교원대학 등에서 초등교육학을 전공하고 반드시 초등정교사 2급 자격증을 획득해야 한다. 국공립 교사가 되려면 초등교원 임용시험에 합격해야 한다.

경찰관

국민의 생명과 안전, 재산을 지키고 사회질서를 유지하는 일을 한다. 범죄예방뿐만 아니라 교통이나 보안 등의 일을 하며 국민이 안심하고 살도록 돕는다.

경찰관이 되는 길 ▶ 봉사정신과 정직하고 정의로운 마음이 필요하다. 범인을 제압할 만한 무술과 체력, 사건추리 능력도 요구된다. 경찰대학을 거쳐 경찰이 되는 방법과 고졸 이상의 학력으로 경찰관 공채시험을 보는 방법이 있다.

소방관

화재 현장에서 불을 제압하고 사람을 구하며 건축물의 소방시설을 점검한다. 긴급 상황에서 구조, 구급, 봉사활동으로 시민의 안전과 재산을 보호하는 일을 한다.

소방관이 되는 길 ▶ 생명과 재산을 보호하는 일이므로 다른 사람을 생각하는 봉사정신과 사명감이 투철해야 한다. 소방직 공무원 채용시험이나 특별 채용시험, 소방간부 후보생 선발시험에 합격해야 소방관이 될 수 있다.

사회복지사

혼자 살아가는 노인이나 소년·소녀 가장, 고민을 겪는 청소년 등 경제적·육체적·정신적으로 힘든 사람을 상담하고 도움을 주는 일을 한다.

사회복지사가 되는 길 ▶ 사회복지사 자격증이 필요한데, 대학에서 사회복지와 관련된 분야를 전공하면 사회복지사 2급 자격을 취득할 수 있다. 사회복지사 1급은 졸업 후 국가시험에 합격해야 취득할 수 있다.

상담전문가

성격, 대인관계, 진로 등 다양한 문제로 어려움을 겪는 이들을 상담해서 문제를 해결하도록 돕는 일을 한다.

상담전문가가 되는 길 ▶ 상담받는 사람의 마음을 이해하고 배려하는 마음이 필요하다. 환자를 꾸준히 치료하는 인내심도 요구된다. 상담전문가는 보통 심리학, 교육학, 상담심리학, 사회복지학 등을 전공한 후 대학원에서 관련 학문을 공부하고 관련 자격을 취득해야 한다.

의사

사람의 몸을 진찰해 질병을 치료하는 일을 한다. 병을 예방하고 새로운 질병 연구와 조사로 의학기술을 개발하기도 한다.

의사가 되는 길 ▶ 생명을 다루므로 무엇보다 투철한 사명감과 책임감이 필요하다. 의과대학(대학원)에서 6년 동안 공부한 후 의사 면허 시험에 합격해야 의사가 될 수 있다. 또한 학사 자격증을 갖고 의학대학원에 편입해서 의사의 길로 갈 수도 있다.

끝까지 해보겠다는 의지를 품어라

진지하게 일하는 사람에게는 항상 희망이 있다. 나태한 사람에게는 늘 절망만이 있을 뿐이다.

— 토머스 칼라일(Thomas Carlyle), 영국의 역사학자

많은 청소년이 진로를 설정하며 나아가다 포기한다. 포기가 꼭 나쁜 것은 아니지만 자신이 바라는 목표를 이루려면 끝까지 해보겠다는 의지가 필요하다. 그런데도 어려운 일이 닥치면 슬그머니 꼬리를 내리고 만다. 마치 《이솝우화》에 나오는 여우 같다.

《이솝우화》에 〈여우와 포도〉라는 이야기가 나온다. 며칠 동안 제대로 된 음식을 먹지 못해 배가 몹시 고픈 여우가 한 마리 있었다. 여우가 허기진 배를 움켜쥐고 길을 가는데 먹음직스러운 포도나무가 보였다. 배가 고픈 여우는 포도를 따 먹으려고 팔짝팔짝 뛰

었다. 하지만 포도나무가 너무 높아 포도를 따먹을 수 없었다. 몇 번 시도했지만 헛수고였다. 하는 수 없이 자리를 떠나면서 여우는 이렇게 말했다.

"저 포도는 아직 익지 않아서 먹을 수 없어!"

맛있는 포도가 열려 있지만 여우는 몇 번 시도한 끝에 포기하고 만다. 그러면서 자신의 행동을 합리화한다. 포도가 시어서 맛이 없을 것이라고. 다른 포도나무를 찾아 나서며 아마 '다음 포도는 정말 맛있을 거야'라고 생각할 것이다.

자신이 원하는 일이 제대로 되지 않을 때 많은 사람은 자기를 합리화한다. 자기합리화는 자신의 잘못된 생각이나 행동을 그럴듯한 이유로 정당화하는 것이다. 한마디로 핑곗거리를 찾는 것과 같다. 자기합리화를 일삼는 사람은 조금만 어렵거나 힘들면 바로 포기한다. 그러면서 그럴듯한 핑곗거리를 찾아 위기를 모면해간다. 이들은 어떤 상황에서도 비상할 정도로 상황에 알맞은 핑계를 찾아낸다. 자기합리화를 하면 순간의 위기는 넘길 수 있다. 하지만 자신의 꿈과 목표는 이룰 수 없다는 사실을 명심해야 한다.

"하고 싶은 일에는 방법이 보이고, 하기 싫은 일에는 핑계가 보인다"라는 필리핀 속담이 있다. 청소년 시기에는 핑계보다는 방법을 찾고 노력하려는 자세를 훈련해야 한다. 끝까지 해보겠다는 의지를 품고 노력하겠다는 자세로 무장해보자.

즐거움을 유보하는 것이 삶의 고통과 기쁨을 적절히 배열하는
과정이다.
삶의 고통을 먼저 접하고 극복함으로써 나중에 기쁨이
배가되도록 하는 것이다.
세상에 공짜는 없는 법이어서 이렇게 놀다가 결국
심리상담가나 정신과 의사의 치료를 받게 된다.

– 모건 스콧 펙(Morgan Scott Peck), 미국의 심리상담가

자기합리화를 하지 않으려면 바른 생각을 품어야 한다. 핑계를
대려는 나쁜 생각을 멀리하고 늘 긍정적인 면을 바라보려고 힘써야
한다. 생각은 자신의 힘으로 얼마든지 컨트롤할 수 있다. 흑인 인권
운동가 마틴 루서 킹의 이야기를 들으면 고개가 끄덕여진다.

"새가 머리 위를 지나가는 것은 막을 수 없다. 그러나 머리 위에
집을 짓는 것은 막을 수 있다. 나쁜 생각은 머리 위로 날아가는 새
와 같아서 막아낼 도리가 없다. 그러나 그 나쁜 생각이 머리 한가운
데 둥지를 틀고 들어앉지 못하도록 막을 힘은 누구에게나 있다."

'코이'라는 물고기가 있다. 비단잉엇과인 이 물고기는 주로 관상
용으로 기른다. 코이는 신기하게도 사는 공간에 따라 크기가 달라
지는 특징이 있다. 작은 어항에 넣어두면 고작 5센티미터 정도밖에
자라지 않는다. 하지만 큰 수족관에 넣으면 30센티미터를 훌쩍 넘긴
다. 더 넓은 강에 방류하면 1미터까지 자란다고 한다. 자신이 사는

환경에 따라 몸의 크기가 변하는 것이다.

우리가 생각하고 행동하는 것도 이와 다르지 않다. 자신이 살고 있는 어항의 크기는 자신만이 결정할 수 있다. 생각의 크기에 한계를 지어버리면 더는 발전이 없다. 반면 환경이 어떻든 방법을 찾고 도전하면 얼마든지 성장할 수 있다.

이 세상 어떤 것도 쉬운 것은 없다. 모든 결과에는 그에 합당한 노력이 요구된다. 아무런 노력도 하지 않고 핑계와 변명을 일삼으면 결코 성장하지 못한다. 꿈을 이룰 수도 원하는 결과를 성취할 수도 없다. 반드시 해보겠다는 의지를 품고 도전할 때 원하는 삶의 목표를 내 것으로 만들 수 있다.

더는 맛있는 포도를 보고 아직 익지 않은 포도라 여기지 말아야 한다. 탁자를 놓고 올라가거나 사다리를 타고 올라가서라도 맛있는 포도를 따 먹으려는 노력을 기울여야 한다. 그리고 그 맛을 누리는 것도 필요하다. 포도의 참맛을 맛볼 때마다 다시 도전해야겠다는 의지가 샘솟고 원하는 목표도 이룰 수 있다.

작은 일을 대하는 태도가 인생을 좌우한다

아주 작은 것을 희생할 기회를 절대 놓치지 말라.
아주 사소한 것이라도 소홀하지 말고 진심으로 하라.
— 테레즈 드 리지외(St. Therese de Lisieux), 프랑스의 수녀

'깨진 유리창의 법칙'이라는 범죄심리학 이론이 있다. 이는 삶 속에서 작은 것들을 소홀히 할 때 생길 수 있는 문제를 말한다. 건물 주인이 건물의 깨진 유리창을 그대로 방치해두면 어떤 일이 일어날까? 그러면 행인들은 그 건물을 쓸모없거나 관리를 포기한 건물로 생각하고 그 안에 쓰레기를 버리거나 다른 유리창도 깨뜨린다는 것이다. 나아가 그 건물에서는 절도나 강도 같은 강력범죄가 일어날 확률도 높아진다. 즉, 깨진 유리창과 같은 작은 것을 소홀히 하면 범죄를 일으키는 큰일로 연결된다는 것이다.

깨진 유리창의 법칙과 비슷한 '하인리히의 법칙'도 있다. 허버트 윌리엄 하인리히가 말한 이 법칙은 한 번의 대형사고가 발생했다면 이미 그전에 유사한 경미한 사고가 29번 있게 마련이고, 그 주변에 300번 이상 징후가 나타났다는 이론이다. 일명 '1 대 29 대 300의 법칙'이다. 아주 사소한 것을 방치하면 그것이 쌓여 대형사고를 일으킨다는 것이다.

대학입시나 취업의 당락을 결정짓는 것은 작은 것에서 비롯된다. 무심코 던진 한마디 말투나 태도가 결정적 요인이 될 수 있다. 단 몇 분의 지각으로 면접에서 낭패를 보는 경우도 허다하다. 아주 작은 실수 하나가 인생을 바꾸기도 한다. 수년 동안 공들여 준비한 것들이 한순간 실수로 무너지는 것이다.

위기를 모면하기 위해 둘러댄 작은 거짓말이 돌이킬 수 없는 길로 가게 만들 수도 있다. 오늘 적당히 보낸 1시간이 모여 하루를 낭비하고 한 달을 허비하게 한다. 무심코 넘긴 부도덕한 행동 하나가 부패한 사회를 만든다. 그러므로 아주 작고 사소한 것이라도 끝까지 점검하고 그냥 지나쳐서는 안 된다.

일본의 한큐철도 설립자 고바야시 이치조는 이렇게 말했다. "신발 정리하는 일을 맡게 되었다면 신발 정리를 세계에서 제일 잘할 수 있는 사람이 되어라. 그렇게 된다면 누구도 당신을 신발 정리만 하는 심부름꾼으로 놔두지 않을 것이다."

직장에서 신발 정리 일을 맡게 되면 여러분은 어떻게 하겠는가.

투덜대며 신발을 던지거나 짜증을 내며 "이런 하찮은 일을 시키려고 채용했냐"라고 따지지 않을까 의문스럽다. 큰 인물이 되고 성공적인 인생을 살려면 아주 작고 하찮은 일이라도 최선을 다해야 한다. 그 노력이 모여 언젠가는 빛을 발하게 될 것이다.

> 작은 일부터 시작하라. 작은 것에서 승부를 낼 줄 알아야
> 한다. 평범한 것이 큰일을 이루는 법이다.
> – 빌 게이츠(Bill Gates), 마이크로소프트 설립자

규모가 큰 유통회사의 CEO가 된 A씨는 첫 직장에서 복사하는 일을 담당했다. 사람들이 퇴근한 후에는 사무실에 혼자 남아 전표에 도장 찍는 일에도 매달렸다. 그는 작고 사소한 일이지만 불평하지 않고 성실히 해냈다.

복사기 성능이 좋지 않던 시절이라 한 장을 복사하는 데 1분이 걸릴 정도였다. 때로는 복사지가 밀려 앞뒤가 맞지 않고 글씨가 잘 보이지 않을 때도 많았다. 그래도 그는 '내가 이따위 복사나 하려고 입사했나'라는 생각을 하지 않았다. 그 대신 '기왕에 하게 된 일이니만큼 이 분야에서 최고가 되자'라는 마음으로 일했다.

그러자 사내에서 그의 성실함을 칭찬하기 시작했고, 성실함을 인정받은 그는 회사 내에서 크고 중요한 일을 맡을 수 있었다. 자칫 교만해질 수도 있었지만 처음 입사해 복사할 때의 마음을 잊지 않도

록 노력했다. 그의 한결같은 성실함은 결국 그를 CEO 자리에 오르게 했다.

오늘 보는 책 한 권에서 인생의 위대한 지혜를 발견할 수 있다. 반면 오늘 보는 이상한 동영상 하나가 순수한 삶을 송두리째 무너뜨릴 수 있다. 또 사소한 말다툼으로 소중한 친구 관계가 깨질 수도 있고, 아무 생각 없이 내뱉은 욕이 마음에 씨앗이 되어 삶을 뒤흔들 수도 있다.

미국의 저명한 홍보 마케팅 전문가 마이클 레빈은 "성공은 치열한 경쟁이나 값비싼 홍보, 마케팅 전쟁 혹은 원대한 비전에만 의존하는 것이 아니라 지금 하는 일의 작은 부분을 꼼꼼히 챙기는 데서 결정된다"라고 말했다. 그러므로 작고 사소한 것을 소홀히 여기지 말아야 한다. 작은 행동이 모여 습관을 만들고 삶의 태도가 된다. 어떠한 일이든 끝까지 점검하고 최선을 다하는 태도를 지녀야 한다. 이것은 변하지 않는 성공 원리이다.

스트레스, 이기는 태도의 방해꾼

분주하게 움직이는 중에도 잠시 조용한 시간을 갖고,
평화로움 속에서 살아 있음을 음미하는 법을 배워야 한다.
– 마하트마 간디(Mahatma Gandhi), 인도의 민족독립운동 지도자

스트레스는 만병의 원인이라고 한다. 생활 속에서 느끼는 스트레스가 각종 질병을 키운다는 것이다. 스트레스를 잘 다스리지 못하면 만성적인 두통은 물론 우울증에까지 이르게 된다. 특히 우울증은 삶의 의미를 잃게 만드는 무서운 병이다. 자살하는 사람 대부분이 우울증에 시달린 사람들이다. 이처럼 스트레스는 다른 질병의 근원이 되어 생명까지도 앗아갈 수 있다.

그런데 성인뿐 아니라 청소년의 스트레스 지수가 해가 갈수록 증가하고 있다. 성적에 대한 압박과 대학입시에 대한 불안감이 원인이

다. 해야 할 일은 많은데 그 일을 해내는 능력이 부족해 스트레스에 시달리기도 한다.

2021년 한국 아동·청소년 행복지수는 OECD 22개국 중 22위였다. 국제 아동 삶의 질 조사에서 만 10세 아동 행복도는 35개국 중 31위를 차지했다. 2022년 교육시민단체 '사교육걱정없는세상'이 초·중·고생 5,000여 명을 상대로 설문조사를 진행했는데 학생 2명 중 1명꼴로 학업이나 성적 때문에 불안하거나 우울한 경험이 있다고 답했다. 성적 스트레스로 극단적인 생각을 해본 청소년도 4명 중 1명이었다. 대한민국 청소년들의 스트레스가 얼마나 심한지 알 수 있는 수치이다.

누구나 스트레스를 받을 수 있다. 하지만 그 스트레스를 어떻게 해소하느냐에 따라 행복한 삶을 살 수도 있고 괴로워할 수도 있다. 스트레스는 받는 것보다 해소하는 능력이 더 중요하다는 말이다. 그런데 대부분 청소년은 스트레스 푸는 법을 제대로 알지 못한다. 그러니 청소년들이 탈출구 없는 공간에서 답답해하는 것이다.

스트레스 해소방법을 물었더니 18퍼센트는 모른다고 답했다. 부모나 친구에게 이야기를 털어놓거나 일기장에 글을 쓰며 긍정적인 방법으로 스트레스를 해소한다고 답한 청소년들이 있었다. 하지만 많은 청소년이 매운 음식이나 스마트폰으로 스트레스를 푼다고 답했다. 자극적인 방법으로 스트레스를 풀면 그때뿐이다. 오히려 나쁜 영향만 받게 되어 악순환이 반복된다. 그러므로 스트레스를 해소하는 바람직한 방법을 찾아야 한다.

긍정적인 자세가 인생의 초기에 확립된다면,
지속적인 건강을 유지하는 데
중요한 토대가 될 것이다.

— 헬렌 헤이즈(Helen Hayes), 미국의 영화배우

전문가들은 스트레스를 건강하게 해소하려면 잘 놀아야 한다고
조언한다. 특히 체육활동의 중요성을 강조한다. 축구, 농구와 같이
여럿이 즐길 수 있는 운동을 하면 협동심도 생기고 상대를 존중하
는 마음도 배울 수 있다. 물론 스트레스 해소에도 도움이 된다. 힘껏
뛰어놀며 땀을 흘리면 그 자체로 경직되었던 마음과 몸이 풀린다.
땀은 사람에게 청량감을 주기 때문에 스트레스 해소에 도움이 된다.

실제로 서울시 교육청이 학교 스포츠클럽 리그 활동에 참여한 중
학생 1,600명을 대상으로 설문조사를 했는데 그 결과가 매우 긍정
적이었다. 운동 후 자신에게 생긴 긍정적인 변화를 묻는 말에 88.2퍼
센트가 '학교생활이 즐거워졌다'고 답했다. '친구관계가 좋아졌다'
고 답한 학생도 88.4퍼센트나 되었다. 부모님과 사이가 좋아졌다는
학생은 54.2퍼센트, 성적이 올랐다고 답한 학생도 49퍼센트였다. 운
동의 긍정적 효과가 스트레스 해소에 큰 도움이 된다는 것이 증명된
것이다.

취미를 갖는 것도 하나의 방법이다. 공부 외에 자신이 하고 싶은 것에 도전해보는 것이다. 책을 읽거나 음악을 듣거나 스포츠 활동을 즐기는 것도 좋다. 요가나 명상도 스트레스 해소에 도움이 된다. 자신이 하고 싶은 것을 즐기다 보면 자연스레 몰입을 경험하고, 몰입은 실력을 향상해준다. 실력이 나아지는 것을 느끼면 기쁨이 샘솟고 자신감이 생긴다. 그러면 고민스러웠던 스트레스가 자신도 모르는 사이에 사라지게 된다.

한편 웃음에는 만병을 치유하는 힘이 있다. 박장대소하면 운동하는 것과 똑같은 효과가 나타난다. 그래서 평소에 웃는 연습을 해야 한다. "웃을 일이 있어야 웃지요"라고 이야기하는 청소년이 있다. 하지만 웃을 일이 없어도 의식적으로 웃어야 한다. 왜냐하면 우리의 뇌는 진짜와 가짜를 구별하지 못해 가짜로 웃어도 진짜에 상응하는 호르몬이 분비되기 때문이다. 개그맨은 다른 직업보다 상대적으로 자살률이 낮다고 한다. 그들의 상황과 처지는 어떨지 모르지만 늘 웃기 때문이 아닐까 싶다.

자신의 속마음을 털어놓을 친구도 필요하다. 혼자 있으면 마음의 병은 더 깊어지기 마련이다. 자신을 믿고 응원해주며 이야기를 들어줄 수 있는 친구가 있으면 힘이 난다. 마음 놓고 울음을 터뜨리거나 속마음을 털어놓을 때면 속이 시원해지는 것을 느낀다. 십 년 묵은 체증이 한 방에 날아가는 것 같은 상쾌함도 느낀다. 이럴 때도 스트레스가 해소된다.

스트레스를 해소하는 방법은 사람마다 다르다. 자기에게 가장 효과적인 방법을 찾아 스트레스를 풀어야 한다. 스트레스를 지혜롭게 푸는 것이 자기를 관리하는 최고의 지름길이다. 스트레스를 해소해야 즐겁고 행복하게 꿈을 향해 나아갈 수 있다.

내 생각을 지배하는 것은 무엇인가

우리가 무슨 생각을 하느냐가
우리가 어떤 사람이 되는지를 결정한다.

— 오프라 윈프리(Oprah Winfrey), 미국의 방송인

나는 강의할 때 청중들에게 "미래를 점쳐주겠다"라는 말을 자주
한다. 그러면서 "자기 생각을 가득 채우고 있는 5가지 관심사는 무
엇인가?"라는 질문을 던진다. 사람마다 차이가 있긴 하지만 대답을
듣다 보면 어렴풋이 그 사람의 미래가 보인다. 사람은 자기 관심사
이상의 행동은 하지 못하기 때문이다. 자신이 생각한 대로 말하고
행동하게 되어 있다. 그것이 삶의 씨앗이 되어 열매로 맺힌다.

여러분은 지금 무엇에 관심이 많은가? 여러분의 생각을 가득 메
운 것은 또 무엇인가? 하루 중 어떤 것을 제일 많이 보고 듣는가? 지

금 보고 듣고 생각하는 대로 여러분의 미래가 펼쳐진다면 어떨 것 같은가?

사람은 생각의 산물이다. 생각하는 대로 변화하고 그에 따른 결과물을 만들어낸다. 가령 뇌가 신 것을 생각하면 몸은 그대로 반응한다. 입안에 침이 고이고 온몸에는 닭살이 돋는다. 생각하는 대로 몸이 반응하는 것이다.

성공학의 대가 데일 카네기는 "자신이 무엇을 생각하는지 알면 어떤 인물인지 알 수 있다"라고 했다. 생각하는 것에 따라 그 삶을 예측할 수 있다는 말이다. 그래서 여러분 생각을 점검해야 한다.

눈을 경계하여 남의 잘못됨을 보지 말고, 입을 경계하여
남의 허물을 말하지 말고, 마음을 경계하여 탐욕을 꾸짖어라.
ㅡ《명심보감(明心寶鑑)》 중에서

《성경》에서 믿음은 '들음'에서 난다고 했다. 듣기의 중요성을 이보다 명확하게 설명해주는 말도 없다. 학교 공부에서도 제일 중요한 것은 수업시간에 듣는 태도이다. 잘 들어야 공부를 잘 할 수 있다. 선행, 예습, 복습 다 중요하지만 수업을 잘 듣지 않으면 소용없다. 《노인과 바다》로 노벨 문학상을 받은 어니스트 헤밍웨이는 듣기의 중요성을 이렇게 말했다.

"사람들이 말할 때 전적으로 들어라. 대부분 사람은 절대 듣지 않

는다.”

들는 것이 그만큼 힘들다는 뜻이다. 우리는 듣기보다 말하기를 좋아한다. 친구와 말할 때도 잘 듣는 것 같지만 사실은 자신이 할 말을 생각할 때가 많다. 평소 잘 듣는 훈련이 되어 있지 않다는 것이다. 그러니 상대의 말뜻을 잘 알아듣지 못한다.

미국의 국방부장관을 지낸 딘 러스크는 “타인을 설득하는 최상의 방법 가운데 하나는 그 사람의 말을 경청해서 귀로 설득하는 것이다”라고 했다. 잘 들어주면 상대방은 신이 나서 이야기하게 되고 자신이 인정받고 있다고 느끼게 된다. 그 안에서 신뢰가 쌓여 설득도 자연스럽게 할 수 있다.

사람은 무슨 말을 듣고 사느냐에 따라 인생이 달라진다. 칭찬을 들으면 자존감이 형성되고 긍정적으로 변한다. 반면 비난을 들으면 자신감이 없어지고 매사에 부정적으로 변한다. 이는 실험에서도 밝혀졌다.

물을 떠놓고 한쪽에는 칭찬과 사랑의 말을, 다른 쪽에는 욕설을 한 후 물의 결정체를 현미경으로 살펴보았다. 칭찬과 사랑의 말을 들은 물은 완벽한 물의 결정체인 육각수 모양이 생겼다. 반면 욕설을 들은 물은 결정체가 망가진 모습을 하고 있었다.

사람의 몸은 70퍼센트가 물로 되어 있다. 어떤 말을 듣느냐에 따라 우리 몸은 그대로 반응한다. 그러니 함부로 아무 말이나 하고 아무 말이나 들으면 안 된다.

듣는 것 이상으로 생각에 영향을 미치는 것은 시각이다. 오감 중에서 가장 자극적인 기관은 시각이라고 한다. 시각은 그 장면이 그대로 복사되어 우리에게 투영된다. 무엇보다 강력한 힘이 있다. 그래서 무엇을 보고 자라느냐가 중요하다.

성폭력범 대다수가 자신이 과거에 본 영상물을 흉내 낸다고 한다. 그것이 무의식에 자리 잡아 그대로 재현하려는 욕망으로 표출되는 것이다. 심각한 범죄라는 것도 인식하지 못한 채 자신이 본 대로 행동하게 된다. 그만큼 시각이 주는 자극은 크다.

우리는 하루 동안에도 여러 상황과 맞닥뜨린다. 그때 무엇을 볼 것인가는 전적으로 자기 의지에 달려 있다. 그런데 평소 부정적 사고에 사로잡힌 사람은 똑같은 상황에서도 좋은 면보다는 나쁜 쪽으로 시선을 돌린다. 장점보다 단점을 보고, 성공 가능성보다는 실패 가능성에 초점을 맞춘다. 그래서 자기 생각이 부정적인지, 긍정적인지 점검할 필요가 있다.

또한 듣는 것, 보는 것은 생각 형성에 영향을 미친다. 그리고 그 생각은 우리 삶을 이끌어가는 자양분이 된다. 그러므로 여러분이 지금 보는 것에 대한 점검이 필요하다. 반드시 기억하자. 여러분이 지금 보고 듣고 생각하는 대로 미래가 펼쳐진다는 것을.

수학과 과학이 좋아요

생명공학자, 천체물리학자, 항공우주공학 기술자,
임상병리사, 통계학자

생명공학자

생명공학은 생물체의 특성을 이용해 인간 생명에 도움이 되는
것을 연구하는 학문이며, 생명공학자는 생명공학과 관련된 다양한
연구와 실험으로 새로운 기술과 제품을 개발하는 일을 한다.

생명공학자가 되는 길 ▶ 생명을 소중히 여기는 마음, 윤리적이
고 도덕적인 자세 등이 필요하다. 대학에서 생물학, 미생물학, 생명
공학, 유전자공학, 농업생명과학 등과 같은 학문을 공부하거나 의
학, 수의학, 약학을 공부해도 생명공학자가 될 수 있다.

천체물리학자

행성, 항성, 위성, 성운 등 우주를 구성하는 모든 물체인 천체를 관측하고 연구하는 일을 한다.

천체물리학자가 되는 길 ▶ 새로운 것에 대한 탐구심과 호기심이 필요하며 창의력과 관찰력도 요구된다. 대학에서 천문학, 우주과학, 천체물리학, 천문우주학, 지구과학, 물리학 등을 전공한 후 박사 과정을 마쳐야 연구를 지속할 수 있다.

항공우주공학 기술자

공학적인 원리와 기술을 적용해 비행기와 미사일, 로켓, 인공위성과 같은 비행체를 연구·개발하는 일을 한다.

항공우주공학 기술자가 되는 길 ▶ 탐구 정신과 문제해결 능력, 논리적 사고와 분석력이 필요하다. 특히 공학과 수학에 뛰어난 실력이 필요하며 대학에서 항공우주공학, 기계공학, 물리학, 전자공학 등을 공부해야 한다. 연구소에서 지속적인 연구와 개발을 하려면 석사학위 이상의 학력도 필요하다.

임상병리사

질병의 예방이나 치료를 돕기 위해 환자의 혈액, 소변, 체액 등을 가지고 다양한 검사를 수행하여 이를 분석하고 질병의 원인을 찾는 일을 한다.

임상병리사가 되는 길 ▶ 각종 검사와 분석을 하려면 섬세함과 끈기, 책임감이 필요하며 각종 장비를 다루는 기술도 요구된다. 임

상병리학과를 전공하고 임상병리사 국가고시에 합격해야 자격이
주어진다.

통계학자

여러 조사 방법을 동원해 자료를 수집하고 분석하여 필요한 통
계정보를 만드는 일을 한다. 통계는 생물학, 경제학, 공학, 의학, 심
리학, 마케팅 등 다양한 분야에서 활용한다.

통계학자가 되는 길 ▶ 탐구 정신과 호기심이 필요하고 수학 공
식을 활용하므로 논리적인 분석력과 창의력도 요구된다. 자료를 검
토하고 분류·분석해 통계를 내려면 컴퓨터를 다루는 능력도 중요
하며, 대학에서 수학이나 통계 관련 학문을 공부해야 한다.

Part 4

성장하는
습관을
길러라

습관은 인생의 안내자이다

습관에 한번 빠지면 우리 힘으로는 도저히 그 습관에서 벗어
나 우리 자신에게 돌아올 수 없으며, 습관의 규칙과 이치를 따
져볼 수 없게 된다.

– 미셸 드 몽테뉴(Michel de Montaigne), 프랑스 철학자

"세 살 버릇이 여든까지 간다"라는 속담이 있다. 어릴 때 버릇은
쉽게 고쳐지지 않는다는 말이다. 습관은 한번 길들게 되면 나이가
들어서도 바꾸기 어렵다. 영국의 철학자 데이비드 흄은 "습관은 인
간생활의 위대한 안내자이다"라고 말하며 습관의 위대함을 강조하
기도 했다.

다음 글을 읽고 '나'가 이야기하는 것이 무엇인지 생각해보라.

"나는 모든 위대한 사람의 하인이고 또한 모든 실패한 사람의 하인입니다. 위대한 사람들은 사실 내가 위대하게 만들어주었지요. 실패한 사람들도 내가 실패하게 만들었고요. 나를 선택해주세요. 나를 길들여주세요. 엄격하게 대해주세요. 그러면 세계를 제패하게 해드리겠습니다. 나를 너무 쉽게 대하면 당신을 파괴할지도 모릅니다."

여기서 말하는 '나'는 '습관'이다. 습관은 사람을 위대하게 만들거나 실패하게 만들 수 있다. 세상을 발아래 두게 하거나, 세상에 무릎 꿇게 할 수 있는 것은 오직 습관뿐이다.

사람은 누구나 멋진 인생, 행복한 삶을 꿈꾼다. 하지만 주위를 둘러보면 모든 사람이 성공하고 행복한 삶을 살지는 않는다는 것을 알 수 있다. 우리 인생을 좌우하는 것은 그 무엇도 아닌 우리 자신이다. 자신이 가진 아주 작은 습관이 모여 우리 인생을 만들어간다. 결국 좋은 습관을 들인 사람이 성공적이고 행복한 삶을 산다. 저마다 품고 있는 습관에 따라 인생이 달라지는 것이다.

한 취업포털 사이트에서 20~30대를 대상으로 '과거로 돌아가고 싶은가?'라는 설문조사를 했다. 무려 98퍼센트가 과거로 돌아가고 싶다고 답했다. 그 이유로 '현재 상황에 만족하지 못해서'가 60.7퍼센트로 가장 많았다. 만약 응답자들이 과거로 돌아간다면 뭔가 달라질 수 있을까?

심리학자들은 현재와 같은 습관이나 생각으로는 과거로 돌아가도 변하지 않을 가능성이 크다고 말한다. 즉, 습관이 바뀌지 않는 한 과거로 돌아간다고 해도 삶은 달라지지 않는다는 것이다. 지금보다 더 나은 삶을 원한다면 좋은 습관을 들이려는 노력과 훈련이 필요하다. 그러면 우리 삶은 자연스레 좋은 쪽으로 변하게 돼 있다.

"'완벽하게 덕스러운 사람이 되어야지' 하는 신념만으로는 실수를 막을 수 없다는 결론에 도달했다. 늘 정확하고 일관성 있게 행동하려면 그와 반대되는 습관을 깨부수고 좋은 습관을 익혀야 한다."

미국 독립선언서를 기초한 벤저민 프랭클린의 말이다. 그는 좋은 습관을 품기 위해 무려 50년을 훈련했다. 50년 동안 피나는 노력을 기울인 결과 완벽한 인격체를 이룰 수 있었다.

습관은 나무껍질에 새겨놓은 문자 같아서
그 나무가 자라남에 따라 확대된다.
— 새뮤얼 스마일스(Samuel Smiles), 영국의 저술가

성공하고 행복한 삶을 살려면 그에 합당한 좋은 습관이 있어야 한다. 청소년 시기에는 어떻게 좋은 습관을 기를 수 있을까?

첫째, 원하는 습관이 무엇인지 기록하는 것이다. 버렸으면 하는 습관도 함께 기록해 눈에 잘 띄는 곳에 둔다. 자신이 어떤 습관이 있는지 알아야 그에 대한 대응책도 만들 수 있다. 또한 기록을 해두면 데이터가 남는다. 언제 어느 때 무슨 습관을 만들기 위해 노력했는지 체계적으로 볼 수 있어 효과적이다. 기록한 내용을 보고 다시 한 번 마음을 다잡을 수도 있고, 실패와 성공의 원인도 찾을 수 있다.

벤저민 프랭클린처럼 '습관 체크 리스트'를 만들어 훈련하는 것도 도움이 된다.

둘째, 힘들어도 반복하는 것이다. 너무 뻔한 이야기 같지만 습관을 내 것으로 길들이려면 다른 방법이 없다. 힘든 일을 반복하려면 결연한 의지가 중요하다. 반드시 해내고 말겠다는 신념으로 무장해야 작심삼일을 극복해나갈 수 있다.

셋째, 꼭 해야 한다는 생각이 들 때 바로 시작하는 것이다. 시작하지 않으면 어떤 결과물도 얻을 수 없다. 습관에 가장 방해되는 요소는 미루기다. 미루기는 시작조차 못 하게 만드는 최대의 적이다. 어떤 상황에서도 절대 미루면 안 된다. 날씨가 좋지 않다고, 몸이 피곤하다고 핑계를 대면 시작조차 할 수 없다. 시작이 반이다. 일단 시작하면 50퍼센트는 성공한 것이나 다름없다.

넷째, 처음에는 작게 시작하는 것도 필요하다. 작은 계획부터 세우고 습관 만들기에 돌입하는 게 좋다. 처음부터 너무 크게 계획을 잡고 욕심을 앞세우면 얼마 못 가 힘에 부쳐 포기한다. 예를 들어 다이어트를 하겠다고 첫날부터 굶으면 몸에 큰 무리가 간다. 밥 한 숟가락을 줄인다든지, 밤 10시 이후에는 간식을 먹지 않겠다든지 하는 작은 실천부터 시작해야 한다. 자신이 실천할 수 있는 능력만큼 시작해야 좋은 결과를 기대할 수 있다.

"습관이란 뭐든지 할 수 있게 만드는 힘을 가지고 있다"라는 말을 기억하자. 습관은 어떤 어려움도 극복할 힘을 제공해준다. 성공할 수밖에 없는 습관이 여러분에게 형성되어 있다면 이미 꿈은 이뤄진 것이나 다름없다. 그때까지 부단히 노력하고 훈련해보자.

나의 좋은 습관과 나쁜 습관을 체크해보자

습관 체크 리스트

좋은 습관 :

~~~~~~

~~~~~~

~~~~~~

나쁜 습관 :

~~~~~~

~~~~~~

~~~~~~

삶을 변화시키는 최고의 방법은 독서이다

책 읽는 습관을 기르는 것은 인생의 모든 불행으로부터
스스로를 지킬 피난처를 만드는 것이다.
— 윌리엄 서머싯 몸(William Somerset Maugham), 영국의 소설가

우리가 사는 시대에는 분명히 차별이 존재한다. 좋은 대학을 나
온 사람은 사회에서 대학 이름에 걸맞은 대우를 받는다. 이런 현상
이 불합리한 것 같지만 우리 사회에 존재하는 엄연한 사실이다. 좋
은 집안 환경에서 태어난 사람도 힘들이지 않고 성공 대열에 합류한
다. 기업인들은 대를 이어 2세, 3세에게 기업을 물려준다. 이런 뉴스
를 볼 때마다 언짢은 기분이 들지만 어쩔 수 없다. 신세 한탄만 하고
불평만 늘어놓는다고 해결되지는 않는다. 자기 노력으로 성공하고
삶을 변화시키는 방법을 찾아야 한다. 환경과 학력을 떠나 성공적인

삶으로 변화시킬 수 있는 것은 무엇일까. 바로 독서이다. 책을 읽는 사람은 현재 상황과 상관없이 성공적인 삶으로 전환할 수 있다. 그래서 더더욱 책을 읽어야 한다.

시인 윌리엄 워즈워스는 "책은 한 권 한 권이 하나의 세계다"라고 말했다. 그의 말처럼 한 분야의 모든 세계가 책에 집약되어 있다. 평소 만나고 싶던 인물, 가보고 싶은 여행지, 배우고 싶은 학문과 지식을 책으로 배운다. 배움의 깊이와 넓이가 더해지는 것이다. 특히 감수성이 예민하고 지적 탐구심이 강한 청소년기에는 가까이하는 책에 따라 인생도 달라진다. 책에서 느끼고 경험한 것이 삶의 고비와 결정의 순간에 중요한 선택의 기준이 될 수 있기 때문이다.

한편 요즘은 창의적인 인재를 필요로 한다. 창의적인 사고는 독서에서 비롯된다. 창의적인 생각으로 세상을 주도한 사람 대부분이 독서가였다. 스티브 잡스, 빌 게이츠, 에디슨, 베토벤……. 이들은 모두가 인정할 정도로 많은 책을 읽었다. 독서로 미래를 예측하고 나아갈 길을 열었다. 새로운 사업 아이템도 책에서 얻었다. 대표적인 사람이 빌 게이츠이다. 그는 어린 시절에 읽은 책으로 상상의 나래를 펼쳤다. 꿈을 발견하도록 도운 것도 책이었다. 그의 말을 들으면 이해가 간다.

"어릴 적 나에겐 정말 꿈이 많았다. 그 꿈은 대부분 책을 읽을 기회가 많았기에 가능했다고 생각한다."

"지금의 나를 있게 한 것은 도서관이다."

에디슨과 링컨은 초등학교도 제대로 나오지 못했다. 하지만 발명왕이 되고 대통령까지 될 수 있었다. 에디슨은 도서관의 책을 모두 읽을 정도였다. 링컨도 책에서 어떻게 살아가야 할지에 대한 답을 찾았다. 그들은 모두 독서로 삶을 이끌고 꿈을 이뤘다.

독일의 과학자 프리드리히 오스트발트는 성공한 사람의 성공 요인을 분석했다. 그러자 두 가지 공통점이 발견되었다. 첫 번째는 그들은 모두 긍정적으로 생각하는 낙천주의자였다. 두 번째는 성공한 사람 모두가 대단한 독서가였다.

> 우리 인간이 이 세상에 만들어놓은 것 중에서 무엇보다도
> 값지고 소중하며 경이로운 것은 바로 책이다.
> — 토머스 칼라일(Thomas Carlyle), 영국의 사상가

30대 초반에 어떤 일을 하지 않아도 월 1억씩 버는 자동 수익을 만들고 자유롭게 인생을 사는 사람이 있다. 바로 《역행자》를 쓴 송명진 대표이다. '자수성가한 청년'이라는 말을 줄여 '자청'이라는 필명으로 널리 알려져 있다. 하지만 그의 10대는 암울했다. 외모, 돈, 공부 모든 면에서 최하위였다. 반월공단에 취직해 월 200만 원을 받고 원룸에서 게임만 하면 좋겠다는 소박한 꿈을 품고 청소년 시기를 보냈다. 그렇지만 이 꿈을 이루기도 쉽지 않았다.

그의 삶이 송두리째 바뀌게 된 것은 스무 살 겨울, 도서관에서 대

화법 책을 읽은 후부터였다. 책에서 알려준 대로 실행하다 보니 관계가 좋아진다는 것을 깨닫게 된 것이다. 그때부터 책의 중요성을 인식하고 독서에 매진하게 된다. 게임에도 공략집이 있듯이 인생에도 공략집이 있다고 생각한 것이다. 그는 무슨 일이 있어도 하루 2시간씩 책을 읽고 글을 썼다. 나머지 시간은 놀거나 빈둥거리며 지냈다. 2년간 매일 2시간씩 책을 읽은 것이 인생에 놀라운 변화를 일으켰다. 본질과 핵심을 파악하게 된 것이다. 그때부터 자동 수익을 만들어내는 자수성가한 청년으로 삶이 바뀌어갔다.

4차 산업혁명시대에 독서는 더욱 중요한 힘을 발휘한다. 정보와 지식은 누구나 쉽게 얻을 수 있지만, 깊은 사유로 얻는 지혜는 오직 독서로만 가능하기 때문이다. 미래 인재가 준비해야 할 역량인 자기주도적 학습 능력, 창의력과 융복합 능력, 문제해결 능력, 공감·소통 능력도 독서로 길러진다. 그러니 매일 책을 가까이하라. 책 읽은 사람이 스스로 삶을 변화시켜나갈 수 있으니까.

글쓰기 능력으로 앞서가라

글을 매개로 자신과 만나는 행위에는 지성과 직관, 상상이
동시에 개입한다. 자신이 어떤 사람인지 정확히 모른다면
어떻게 삶의 방향을 정할 수 있겠는가? 글을 쓴다면 자신을
알고 이해하는 데 훨씬 도움이 될 것이다.

— 도미니크 로로(Dominique Loreau), 프랑스의 수필가

진로를 설계할 때 글쓰기 능력이 탁월하면 직업 선택의 폭이 넓
다. 글쓰기 능력을 요구하는 직업이 의외로 많기 때문이다. 또한 대
부분 직업에서 글쓰기 능력은 필수 요건이다. 유튜브를 할 때도 글
쓰기 능력이 탁월하면 섬네일을 잘 쓸 수 있다. SNS에서도 글쓰기
능력이 요구된다.

자신을 효율적으로 나타내는 방법도 글쓰기 능력에서 좌우된다.

무엇보다 요즘은 의사표현 능력이 중요한 시대이다. 자기 생각을 설득력 있게 상대방에게 전달하는 능력이 무엇보다 필요하다. 실제로 기업에서 취업 준비생들에게 요구하는 것 중 하나가 '의사전달 능력'이라고 한다. 말과 글로 자기 생각을 제대로 전달하는 사람을 필요로 하는 것이다.

학교 공부에서도 글쓰기 능력이 탁월하면 좋은 성적을 거둘 수 있다. 시험문제에 서술형 비중이 날로 증가하고 있다. 서술형 문제는 자기 생각을 논리적으로 표현하는 데 중점을 둔다. 글을 분석하는 능력과 자기 생각을 논리적으로 기술하는 능력이 탁월하면 자신을 차별화할 수 있다.

《글쓰기의 전략》의 저자 정희모는 자신이 쓴 책에서 글쓰기 능력의 중요성을 이렇게 말했다.

"글쓰기는 단순히 생각이나 지식을 전달하기 위한 것이 아니다. 오히려 글쓰기는 생각을 만들어내고 지식을 구성하는 데 중요한 역할을 한다. 그래서 1996년 노벨 의학상을 받은 피터 도허티 교수나 MIT의 바버라 골도프타스 교수도 '글을 잘 쓰는 사람이 사고가 명확하여 연구 성과가 뛰어나다'고 단언한다. 글에는 엉킨 생각을 명료하게 정리해주는 신비한 마력이 있다. 또 이 생각을 저 생각으로 옮기는 능청스러운 힘도 가지고 있다. 우리는 글을 쓰면서 생각을 정리하고 새로운 생각을 만든다. 글쓰기가 논리적 사고, 창조적 사고를 키운다는 말은 그래서 가능하다."

쓰기는 마음의 생각을 내 눈을 통해 소통하는 예술이며
위대한 발명품이다.

– 프레드 캐플란(Fred Caplan), 미국의 평론가

누구나 글을 잘 쓰고 싶어 한다. 이것은 글을 잘 쓰기가 쉽지 않
다는 것을 의미한다. 그렇다면 글쓰기 실력을 어떻게 향상할 수 있
을까?

첫째는 글쓰기에 대한 두려움을 극복하는 것이다. 학생이나 어른
이나 글을 써보라고 하면 대부분 두려움에 휩싸인다. 제대로 된 글
쓰기를 해본 적이 없고 글 쓰는 일이 어렵다고 생각하기 때문이다.
처음부터 글을 잘 쓰는 사람은 거의 드물다. 하버드 대학생들도 어
려워하는 것이 글쓰기이다. 그러니 우선 두려움부터 떨쳐버리고 용기
를 내어 시도해보자.

둘째는 사물과 자연환경 그리고 사람에 대한 관찰력이 필요하
다. 글은 쓰고자 하는 대상을 꿰뚫고 있어야 제대로 쓸 수 있다. 시
인 도종환은 〈흔들리며 피는 꽃〉이라는 시에서 우리 삶이 흔들리며
피는 꽃과 같다고 말한다. 세상의 모든 아름다운 꽃은 전부 바람과
비를 이겨내고 피어난다는 것이다. 꽃이 피는 과정에 대한 관찰력이
삶으로 연계되어 감동을 전한다. 관찰 과정에서 통찰력이 생기고 깊
이를 더하게 된다.

셋째는 수없이 훈련해야 한다. 글은 재능이 아니라 훈련이다. 많

이 읽고, 많이 생각하고, 많이 써보는 방법밖에 없다. 글쓰기를 위해서는 먼저 많이 읽어야 한다. 책을 읽으며 깊이 사색하고 사고해야 한다. 그리고 책을 읽은 느낌을 글로 써보자. 써보지 않으면 글쓰기 능력은 향상되지 않는다. 자전거를 탈 때 생각만으로 탈 수 없듯이 글도 생각만으로는 쓸 수 없다. 반드시 직접 펜을 들어 한 단어, 한 문장을 쓰고 고치기를 반복해야 실력이 는다.

작가의 좋은 글을 필사해보는 것도 좋은 방법이다. 글을 베껴 쓰다 보면 생각을 글로 펼치는 과정을 터득할 수 있다. 저자가 자기 의도를 문장으로 표현하는 방법은 물론 어휘를 확장해나가는 것도 익힐 수 있다. 그래서 처음 글을 쓰는 작가에게도 필사는 필수 훈련 과정이다.

웹툰《미생》의 윤태호 작가도 베껴 쓰기로 훈련해서 스토리에 힘을 더했다. 그가 베껴 쓰기를 하지 않고 그림에만 몰두했다면 직장인의 애환을 그린 위대한 작품은 완성하지 못했을 것이다.

4차 산업혁명시대에는 글쓰기 능력이 더 많이 요구된다. 이제는 이력서에 스펙을 나열하는 것만으로는 자신을 차별화할 수 없다. 자신을 적극적으로 홍보해야 선택받고 살아남을 수 있다. 특히 자신이 열정을 쏟아붓고 있는 것들을 기록으로 남겨야 훗날 의미 있는 결과를 만들어낼 수 있다.

기업은 상시 채용을 늘리면서 업무에 부합한 인재를 찾기 위해 SNS를 검색한다. 누군가의 작업물을 보며 필요한 인재인지 결정한다. 성장하는 과정을 기록해두는 사람이 기회를 얻게 되는 것이다. 따라서 어렵고 힘들지라도 부단한 노력으로 글쓰기 능력을 키워나가야 한다. 글쓰기 능력이 좋은 만큼 기회가 많기 때문이다.

성장하고 싶으면 질문하라

묻기를 두려워하는 것은 곧 배우기를 두려워하는 것이다.
– 네덜란드 속담

질문하는 사람과 대답하는 사람의 삶은 완전히 다르다. 질문하는 사람은 자신의 진로에 대해 질문을 던지고 나아갈 길을 찾는다. 때로 잘못된 길로 접어들어도 다시 질문을 던지며 삶의 방향을 새롭게 잡는다. 반면 대답하는 사람은 수동적이다. 스스로 문제를 해결하기보다 누군가에게 이끌려 다닌다. 진로를 설계할 때에 스스로 꿈을 찾기보다 누군가 설계해놓은 길을 따라간다.

여러분은 질문하는 사람인가, 대답하는 사람인가? 만약 후자라면 하루빨리 질문하는 사람이 되도록 노력해야 한다. 그것이 진로를 설계하고 삶의 방향을 설정하는 데 큰 도움이 된다.

알베르트 아인슈타인은 "질문이 정답보다 중요하다"라고 말했다. 그가 살면서 얻은 깨달음이다. 그는 어느 날 아침 꽃밭에 앉아 눈부신 햇살을 바라보며 질문을 던졌다.

"빛을 타고 이동하는 것이 가능할까, 내가 빛의 속도로 날아가거나 그 속도를 능가할 수 있을까? 만일 우리가 로켓에 빛을 실으면 그 빛의 속도가 빨라질까?"

그는 수많은 질문을 던져 상대성이론을 발견하게 된다. 훗날 자신이 왜 그렇게 질문을 던졌는지에 대해 이렇게 말했다.

"나한테는 특별한 재능이 없다네. 다만 지독하게 호기심이 많을 뿐이지."

아인슈타인은 지적 호기심을 질문으로 해결했다. 그런 과정에서 세상을 변화시키는 위대한 과학원리가 발견되었다.

스티브 잡스도 질문으로 세상을 바꾸어나갔다. 그는 애플의 기업문화를 질문으로 이끌었다. 직원들에게 항상 "이게 자네가 할 수 있는 최선인가?(Is this best you can do?)"라는 질문을 던졌다. 직원들은 그의 질문을 받고 더 나은 방법을 찾고자 고민했다. 그 과정에서 창의적인 방법이 발견되고 새로운 제품 아이디어가 쏟아졌다.

'경영의 신'이라 불리는 피터 드러커는 질문 하나로 인생의 꿈을 발견했다. 그는 스승으로부터 "너는 죽어서 어떤 사람으로 기억되고 싶으냐?"라는 질문을 받았다. 그는 질문에 답을 찾으려 진지하게 고민하고 끊임없이 노력했다. 그리고 마침내 답을 찾았다.

"나는 사람들이 목표를 설정하고 그 목표를 달성하도록 도와준 사람으로 기억되고 싶다."

스승의 질문은 피터 드러커의 삶에 엄청난 영향력과 변화를 만들어냈다. 여러분은 어떠한가? 종이에 이 질문을 적어보자. 답을 찾는 과정에서 자신이 추구하는 삶의 진정한 의미와 가치를 찾게 될 것이다.

깨달음을 주는 것은 대답이 아니라 질문이다.

– 외젠 이오네스코(Eugène Ionesco), 프랑스의 극작가

모차르트는 천재 작곡가로 유명하다. 그는 한 곡을 작곡하고 완성하기 위해 피나는 훈련을 했다. 펜으로 얼마나 많은 작곡과 연주를 했던지, 스물여덟 살에는 손이 기형으로 변할 정도였다. 그렇게 엄청난 노력도 중요했지만 모차르트가 위대한 작곡가가 된 데는 질문의 힘이 더 컸다.

"사람들은 내가 쉽게 작곡한다고 생각하지만 그건 오해라네. 단언컨대 나만큼 작곡에 많은 시간과 열정을 바치는 사람은 아마도 없을 거라네. 내가 작곡한 음악은 모두 수십, 수백 번에 걸쳐 수정하고, 꼼꼼하게 연구하여 나온 것들이야. 물론 힘드네. 하지만 그때마다 나는 스스로에게 이렇게 묻곤 한다네. '이게 과연 나의 최선인가?' 이 질문이 지금의 내 음악을 만들었고, 피나는 노력을 가능케 하는

힘이라네."

　모차르트는 스스로에게 '이게 과연 나의 최선인가?'라는 질문을 끊임없이 던졌고, 명쾌한 답이 나올 때까지 악보를 수정했다. 그런 노력으로 결국 수많은 명곡이 탄생했고 천재 작곡가라는 칭호까지 붙게 된 것이다.

　여러분은 지금 스스로에게 어떠한 질문을 하는가? 만약 아무런 질문도 하지 않는다면 이제부터라도 질문을 시작해보자. "나는 왜 공부하는가?", "내 삶에서 행복하다고 느끼는 것은 무엇인가?", "내가 정말 원하는 일은 무엇인가?" 등. 자기 삶의 주인이 되려면 스스로에게 질문을 던져야 한다. 그 질문에 따라 인생도 바뀌게 될 테니까 말이다.

경제에 관심이 많아요

사업가, 회계사, 세무사, 경영 컨설턴트, 은행원

사업가

사업체를 경영하는 사람을 말한다. 회사의 기본적인 경영방침과 장기적인 사업목표를 정하고 직원을 관리하며 회사를 지휘해나가는 일을 한다.

사업가가 되는 길 ▶ 직원을 이끄는 리더십, 중요한 결정을 내리는 결단력, 용기가 중요하다. 특별한 학력이 필요한 것은 아니지만 해당 분야에 대한 충분한 실무경험과 전문지식은 필수이다. 경영학이나 경제학을 공부하면 사업체를 경영하는 데 도움이 된다.

회계사

개인이나 기업, 공공시설 등의 경영상태, 재무상태, 지급능력 등 다양한 재무보고와 관련하여 상담을 해주거나 관련 서류를 작성하는 일을 한다.

회계사가 되는 길 ▶ 회계사는 주로 통계나 수를 다루는 일을 하므로 수학 능력과 분석 능력이 요구된다. 대학에서 회계학, 경영학, 경제학, 세무 관련 공부를 한 후 공인회계사 시험에 합격해야 자격이 주어진다.

세무사

세금 장부나 서류 등을 조사해서 합법적으로 납세 절차를 처리해주는 일을 한다. 세금을 걷는 국가와 세금을 내는 국민 모두 손해 보지 않도록 해주는 다리 역할을 한다.

세무사가 되는 길 ▶ 꼼꼼하고 정확하게 분석하고 계산하는 능력은 필수이다. 또 성실한 자세로 신뢰감을 주어야 고객과 원만한 관계를 맺을 수 있다. 국세청에서 실시하는 세무사 시험에 합격해야 일할 수 있다. 세법학, 회계학, 재정학 등 세금회계 관련 전문지식을 공부하면 시험에 도움이 된다.

경영 컨설턴트

기업에서 생기는 다양한 문제를 전문지식을 바탕으로 조사 · 분석해 해결하도록 도와주는 일을 한다.

경영 컨설턴트가 되는 길 ▶ 사교성과 의사소통 능력이 필요하다. 기업의 문제점을 진단하는 판단력과 창의력도 요구된다. 대학에서 경제학, 경영학 관련 공부를 하면 도움이 된다. 경영전문대학원(MBA) 출신도 많으므로 이곳도 염두에 두면 좋다.

은행원

은행을 찾은 고객의 돈을 관리(입금, 출금, 이체, 예금, 적금 등)하는 일을 한다.

은행원이 되는 길 ▶ 정확한 계산력, 꼼꼼함, 친절한 태도가 요구된다. 대학에서 경영학, 회계학, 경제학을 공부하면 유리하다. 고등학교 졸업자도 은행원이 될 수 있다. 금융 관련 자격증이 있으면 취업에 도움이 된다.

체력을 길러라

여러분에게는 자신의 삶에 대한 책임이 있으며 건강을 유지하기 위해 해야 할 일이 있다.

닐 A. 피오레(Neil A. Fiore), 미국의 컨설턴트

"천하를 얻어도 건강을 잃으면 모든 것을 잃는다"라는 말이 있다. 건강이 뒷받침되지 않으면 천하가 내 것이어도 무슨 소용이 있겠는가. 행복한 삶을 위해 건강은 필수조건인 셈이다.

건강해지려면 기본적으로 체력이 있어야 한다. 조금만 움직여도 힘이 들면 원하는 삶의 목표를 이루어갈 수 없다. 공부도 마찬가지다. 흔히들 고등학교 공부는 체력이 좌우한다고 말한다. 중학교에 들어가면 초등학교와 비교도 되지 않을 만큼 학습량이 많아진다. 고등학교 때는 그 양이 정점을 이룬다. 그때 체력이 뒷받침되지 않으

면 공부에 집중할 수 없다. 쉽게 지치고 피곤하니 공부에 온전히 몰입이 안 되는 것이다.

요즘 청소년은 대부분 잘 먹어서 덩치가 큰 편이다. 체격조건이 좋아 옛날보다 훨씬 튼튼해 보인다. 그렇지만 체격보다 체력은 좋지 못한 편이다. 체력을 측정할 때면 쉽게 낙오하거나 쓰러지는 학생도 많다. 그만큼 건강하지 않다는 증거이다.

청소년이 어른보다 더 바쁜 것 같다. 아침 일찍 일어나 학교에 가고 밤늦게 집으로 돌아온다. 학교와 학원, 과외에 매달리다 보니 마음 놓고 운동장에서 뛰어놀지도 못한다. 영국의 과학 전문지 〈뉴 사이언티스트〉에 '운동이 학습에 미치는 영향'이 소개된 적이 있다. 연구 결과 일주일에 세 번, 30분씩 운동하는 사람이 운동하지 않는 사람보다 학습 능력과 집중력이 15퍼센트나 좋다는 것이 밝혀졌다.

운동하면 뇌 혈류량이 증가한다. 뇌의 혈관에 흐르는 혈액량이 풍부해지는 것이다. 혈액이 풍부하게 공급되면 뇌가 활발하게 움직일 에너지가 생긴다. 따라서 집중력도 높아지고 학습능률도 오르게 된다.

좋지 않은 건강은 패배이다. 건강만이 승리이다.
할 수만 있다면, 건강을 유지하기 위해 노력해야 한다.
– 토머스 칼라일(Thomas Carlyle), 영국의 평론가

교육 선진국에서는 학교생활에서 운동이 차지하는 비중이 꽤 높은 편이다. 체육활동이 학습과 인격 형성에 도움이 된다는 것을 알기 때문이다. 경제협력개발기구(OECD)가 실시한 국제학력조사(PISA)에서 최상위 성적을 올린 핀란드에서도 체육활동의 비율이 매우 높다. 또 정해진 운동시간 외에도 쉬는 시간에 운동장에 나가 뛰어노는 것을 장려한다.

미국 일리노이주의 네이퍼빌 센트럴고등학교에서는 '0교시 체육수업'을 실시하고 있다. 수업의 시작을 운동으로 하는 것이다. 학생들은 정규수업을 받기 전 1.6킬로미터 달리기는 물론 다양한 체육활동을 한다. 운동으로 뇌가 활성화되어 공부에 도움이 되기 때문이다. 실제 '0교시 체육수업'을 시작한 후 학생들은 전보다 읽기 능력과 문장 이해력이 17퍼센트나 향상되었다고 한다.

운동은 공부뿐만 아니라 사회성을 기르는 데도 도움을 준다. 친구들과 서로 몸을 부딪치고 땀을 흘리다 보면 서로를 배려하고 이해하게 된다. 단체운동일 경우 '우승'이라는 하나의 목표를 향해 협력하므로 의사소통의 중요성도 배울 수 있다. 반드시 승자와 패자가 갈리는 경기의 특성상 공정함도 배운다. 이 과정에서 사회성이 길러진다.

세계적인 명문대학들은 입시에서 체육활동을 매우 중요하게 여긴다. 체육활동으로 학생의 사회성, 배려와 협력, 인성을 알 수 있기 때문이다. 따라서 세계 최고의 명문 사립 고등학교들은 체육활동에 사활을 건다. 대표적인 학교가 영국의 이튼스쿨이다. 졸업생의 30퍼센트가 옥스퍼드와 케임브리지 대학교에 진학하는 이 학교는 학생들에게 적극적으로 체육활동을 권장한다. 특히 럭비, 크리켓, 축구 같은 단체 운동을 많이 시킨다. 이로써 팀워크와 배려, 리더십 등을 배울 수 있다는 것을 알기 때문이다.

건강한 신체에 건강한 정신이 깃든다고 한다. 맞는 말이다. 몸이 아프면 정신도 혼미해진다. 정신이 온전하지 않으면 집중할 수 없고 자신감도 떨어진다. 그러니 건강한 몸을 만들도록 힘써야 한다. 평소 가벼운 스트레칭이나 걷기 운동만 해도 좋은 효과를 거둘 수 있다. 시간 날 때마다 손쉽게 할 수 있는 운동을 찾아 꾸준히 해보자.

장애물을 극복할 용기를 배워라

자신이 하는 일에 관심과 신념을 갖지 않으면 안 된다.
누구나 자기가 옳다고 굳게 믿는 일을 실행할 만한 힘은
가지고 있는 법이다. 자신에게 그러한 힘이 있을까 망설이지
말고 앞으로 나아가라.

― 요한 볼프강 폰 괴테(Johann Wolfgang von Goethe), 독일의 작가

청소년기에는 할 일이 참 많다. 좋은 습관도 길러야 하고 바람직
한 성품도 만들어야 한다. 또 자신이 원하는 꿈도 발견하고 학업에
도 열중해야 한다. 그렇지만 이 모든 일을 척척 해나가는 것은 말처
럼 쉽지 않다. 그 길에 장애물이 너무 많기 때문이다. 무엇을 해야 할
지 모르는 데서 오는 두려움, 자신이 처한 환경과 능력에 대한 열등
감, 어려움을 극복하지 못해 찾아오는 패배의식 등이 그것이다. 그

러한 장애물을 잘 넘기지 못하면 꿈을 향해 전진할 수 없다. 용기로 무장하고 장애물을 극복하려 노력해야 한다. 스스로 이겨내지 않으면 삶을 가로막는 장애물은 절대로 사라지지 않는다.

《톰 소여의 모험》의 작가 마크 트웨인은 "용기란 두려움이 없는 것이 아니라, 두려움에 대항하고 두려움을 정복하는 것이다"라고 말했다. 두려움은 아직 일어나지도 않은 일을 미리 걱정하고 염려하는 마음이다. 이러한 두려움 때문에 도전하지도 못하고 '난 꿈을 이룰 수 있을까' 하고 고민만 한다. 두려움을 이기는 가장 효과적인 방법은 직접 하는 행동이다. 용기를 갖고 직접 부딪쳐 나아가는 것이다.

한편 요즘 청소년들은 외모와 가정환경에 대한 열등감이 많은 편이다. 그로써 좌절하거나 쉽게 포기하며, 심하면 극단적인 선택을 하는 일도 있다. 열등감이란 자기를 남보다 못하거나 무가치한 존재로 낮추어 평가하는 감정이다. 자기 존재를 긍정하기보다는 단점과 부정에 반응하는 태도이다.

열등감에 사로잡히면 눈앞에 펼쳐진 상황을 정확하게 볼 수 없다. 판단이 흐려져 자신이 무엇을 선택해야 하는지 알 수 없게 만든다. 결국 꿈과 목표를 성취하는 데 에너지를 쏟기보다는 불필요한 곳에 낭비하게 된다. 열등감은 이렇게 삶을 구렁텅이로 빠지게 만들어버린다. 그러므로 열등감을 물리치겠다는 당당한 용기가 필요하다. 용기로 무장할 때 삶을 방해하는 장애물을 헤쳐나갈 수 있다.

자신의 장점을 보고 긍정하면 자신감이 솟는다. 다른 사람의 평가와 시선에도 연연하지 않게 된다. "그래. 나한테 그게 어쨌는데!"라며 담대히 행동하면 열등감은 사라지기 마련이다.

> 역사의 흐름을 바꿀 만큼 위대한 사람은 거의 없지만, 누구나 주변에서 일어나는 사소한 일을 바꿀 수는 있다. 인간의 역사는 사소한 일들을 바꾸는 수없이 많은 용기와 믿음으로 만들어진다.
> – 로버트 케네디(Robert Kennedy), 미국의 정치인

심리학자들은 우리가 염려하고 걱정하는 일이 현실에서 일어날 확률은 4퍼센트라고 말한다. 우리는 고작 4퍼센트에 묶여 고민하고 불안해하는 것이다. 따라서 그것에 에너지와 관심을 쏟는 것은 대단히 낭비적이고 소모적이다. 정작 그 일이 벌어지고 난 후 문제를 해결하는 것이 더 현명하다.

실패를 두려워할 필요도 없다. 아무도 처음부터 완벽하게 성공한 사람은 없다. 실패하면서 경험을 쌓고 새로운 방법도 터득할 수 있다. 그런 과정에서 지혜가 생기는 법이다.

호랑이가 사냥에서 성공할 확률은 보통 5퍼센트 정도라고 한다. 먹잇감을 향해 스무 번을 달려들었을 때 겨우 한 마리를 잡을 수 있다. 맹수의 왕이라 불리는 호랑이도 수 없는 도전 끝에야 먹잇감을 잡는다. 몇 번의 도전 끝에 포기하고 만다면 더는 호랑이가 아니다.

잡을 때까지 덤비고 또 덤벼야 한다. 우리는 호랑이보다 더 나은 인간이다. 그러니 포기하지 말고 끝까지 도전하는 용기로 무장하자. 그러면 안 될 것이 없다.

"삶을 두려워 말라. 삶은 살아볼 만한 가치가 있는 것이라고 믿어라. 그 믿음이 가치 있는 삶을 창조하도록 도와줄 것이다."

목사인 로버트 슐러의 말대로 삶은 살아볼 가치가 있다. 너무나 소중하고 존귀한 것이 우리의 삶이다. 그 믿음으로 담대하게 나아가자. 두려움에서 벗어나는 용기로부터 꿈은 시작된다.

때를 놓치지 마라

때를 놓치지 마라. 이 말은 인간에게 주어진 영원한 교훈이다.
그러나 인간은 그리 대단치 않게 여기기 때문에 좋은 기회가
와도 그것을 잡을 줄을 모르고 때가 오지 않는다고
불평만 한다.
— 데일 카네기(Dale Carnegie), 미국의 작가

세상 모든 것에는 때가 있다. 씨앗을 뿌릴 때가 있으면 수확해야
할 때가 있고, 만나야 할 때가 있으면 떠나야 할 때도 있다. 때를 아
는 사람은 성공할 확률이 높다. 실패하는 사람은 씨앗을 뿌릴 때 수
확하려 하고, 수확해야 할 때 씨앗을 뿌린다. 그러나 성공하는 사람
은 때를 정확히 알고 실행한다. 그래서 때를 아는 사람이 삶을 성공
으로 이끌 수 있는 것이다.

배움에도 때가 있다. 배워야 할 시기에는 제대로 배워야 한다. 이 말은 공부를 잘하라는 의미가 아니다. 후회하지 않도록 최선을 다하라는 뜻이다. 요즘은 평생교육의 시대라 늦은 나이에도 공부에 전념하는 사람이 많다. 그들의 배움에 대한 열정은 젊은이보다 강렬하다.

하지만 그들이 공통으로 후회하는 것이 있다. 배워야 할 시기에 제대로 배우지 못한 것이다. 나이 들어 공부에 임하다 보니 쉽게 한계에 직면한다. 공부해도 집중하기 어렵다.

부모님이나 어른들이 "다시 학창 시절로 돌아갔으면 좋겠다"라고 말하는 걸 들어봤을 것이다. 어른이 되면 먹고사는 문제, 자녀 교육, 내 집 마련 등 걱정해야 할 것이 참 많다. 나름 노력한다고 해도 뜻대로 잘되지 않는다. 이런 골치 아픈 현실을 떠나 아무 걱정 없이 공부만 하는 시절로 돌아가길 원하는 것이다. '그때로 돌아간다면 공부를 정말 열심히 했을 텐데'라고 생각해보지만 이미 때늦은 후회일 뿐이다.

중국 무술 영화의 장을 열었던 세계적인 영화배우 청룽(성룡)은 어린 시절 매우 가난했다. 가정형편 때문에 초등학교도 제대로 나오지 못했다. 그는 나이가 들어서야 배움의 길로 들어섰다. 영화배우로서의 업적과 삶의 열정을 인정받아 명예박사학위까지 받았다. 학위를 받으면서 그는 학생들에게 이런 말을 했다.

"지금 여기에 저보다 학력이 낮은 분은 단 한 분도 안 계실 겁니다. 저는 초등학교를 중퇴했습니다. 너무나 가난해서지요. 훗날 어른이 되어서 돈을 많이 벌면 원 없이 공부하겠다고 결심했죠. 저는 열심히 일했고 운도 따랐습니다. 그래서 다시 공부를 시작했어요. 하지만 아무리 애써도 머리에 들어가지 않더군요. 공부에는 다 때가 있다는 것을 깨달았어요. 학생 여러분, 지금 여러분이 학생이라는 것을 다행스럽게 생각하세요."

언젠가 날기를 원한다면 먼저 일어서고,
걷고, 달리고, 기어오르고, 껑충거리는 것을 배워야 한다.
준비 없이 날 수 있는 사람은 없다.
– 프리드리히 니체(Friedrich Nietzsche), 독일의 철학자

빌 게이츠는 마운틴 휘트니 고등학교에서 학생들을 대상으로 학창 시절을 어떻게 보내야 할지에 대한 다양한 조언을 해주었다. "학교 선생님이 까다롭다고 생각되거든 사회에 나와서 직장상사의 진짜 까다로운 맛을 느껴보아라."

"공부밖에 할 줄 모르는 '바보'한테 잘 보여라. 사회로 나온 다음에는 아마 '그 바보' 밑에서 일하게 될지도 모른다."

"대학교육을 받지 않은 상태에서 연봉 4만 달러가 될 것이라고 상상도 하지 말라."

나는 스물일곱이라는 다소 늦은 나이에 대학에 들어갔다. 직장생

활도 해보고 사회경험도 해보았다. 그러나 마음속 깊은 곳에 배움에 대한 열정과 미련이 남아 있다는 것을 발견했다. 그래서 늦은 나이에도 대학에 진학한 것이다. 주경야독으로 낮에는 일하고 밤에는 공부했다. 하지만 얼마 못 가 한계에 다다른 것을 느꼈다. 마음과 뇌가 따로 노는 것이었다. 그래도 뒤늦게 시작한 대학공부가 내 삶의 든든한 디딤돌로 작용해 감사할 뿐이다. 이렇게 글을 쓰는 일을 할 수 있는 것도 그때 공부한 덕분이다. 그러나 마음 깊은 곳에는 늘 아쉬움이 남아 있다. '제때 대학에 들어가 원하는 공부를 했더라면' 하고 말이다.

여러분은 무엇을 해야 할 때라고 생각하는가? 무엇보다 배움의 때를 놓치지 않길 바란다. 그러면 최소한 학창 시절에 대한 미련은 남지 않는다.

살아가면서 공부는 매우 중요하다. 지금은 평생교육 시대여서 배우지 않으면 성장할 수 없고 살아남기도 힘들다. 배움이 없으면 미래의 희망을 포기하는 것과 같다. 배워야 할 시기를 절대 놓치지 말고 최선을 다해 배움에 정진하라. 그것이 자신을 성장으로 이끄는 비결이다.

사람을 만나는 것이 좋아요

이미지 컨설턴트, 헤드헌터, 호텔리어, 안경사

이미지 컨설턴트

고객의 특성을 분석하여 패션, 메이크업, 대화법, 매너 등을 지도해 최적화된 이미지를 만들어주는 일을 한다.

이미지 컨설턴트가 되는 길 ▶ 미적 감각과 센스, 관찰력과 분석력이 필요하다. 이미지 컨설턴트가 되는 데 특별한 자격이나 학력은 필요하지 않다. 하지만 패션이나 미술, 헤어나 메이크업 등에 지식과 감각이 있으면 도움이 된다.

헤드헌터

회사에 꼭 필요한 인재를 조사하고 선정해 인터뷰나 평가과정을 거쳐 기업체에 소개해주는 일을 한다. 주로 전문 경영인, 기술자, 간부급 이상의 고급인력이나 전문 인력을 소개한다.

헤드헌터가 되는 길 ▶ 여러 직종과 업무에 대한 배경지식이 있어야 한다. 사람을 만나는 일이므로 대인관계 능력이 좋아야 하고, 신용과 신뢰도 중요하다. 헤드헌터가 되기 위한 정규 교육과정은 아직 없지만 대부분 기업에서 인사 담당자로 일한 사람이 헤드헌터 일을 하는 경우가 많다.

호텔리어

호텔은 숙박뿐만 아니라 결혼식과 각종 행사를 할 수 있는 연회장, 레스토랑, 회의장 등 다양한 공간을 갖추고 있는 곳이다. 호텔리어는 호텔을 이용하는 사람에게 각종 서비스를 제공하는 사람을 말한다.

호텔리어가 되는 길 ▶ 원만한 대인관계, 서비스 정신, 깔끔한 용모도 중요하다. 대학에서 호텔경영학이나 호텔관광학을 전공하면 도움이 된다. 외국어 능력도 갖추면 유리하다.

안경사

고객의 눈을 검사해 눈 상태에 맞는 안경이나 콘택트렌즈를 맞춰주는 일을 한다. 고객을 대상으로 상담하는 업무가 많아 사람에게 관심이 많고 대화를 즐기는 외향적인 성격이 유리하다.

안경사가 되는 길 ▶ 안경을 제조할 수 있는 정교한 손동작, 고객을 상대하는 원활한 의사소통 능력이 필요하다. 눈과 시력, 안경에 대한 기본적인 의학지식도 요구된다. 안경사가 되려면 대학에서 안경학과를 졸업하고 안경사국가고시에 합격해야 한다.

Part 5

실력보다
인성이 더
중요한 시대

실력보다 인성이 더 중요하다

우리는 전쟁터에서 승리하고 경기장에서 승리한 것으로
기억되는 것이 아니라 고귀한 인간 정신에 얼마나
기여했느냐로 기억될 것이다.

– 존 F. 케네디(John F. Kennedy), 미국의 35대 대통령

예능에서 최고의 활약을 하던 연예인이 하루아침에 텔레비전에
나오지 않는 경우가 종종 있다. 인기 가도를 달리던 그들이 시청자
의 외면을 받은 것은 실력 때문이 아니다. 그들의 성숙하지 못한 삶
의 태도 때문이다. 공인으로서 해서는 안 될 일을 저질러서 출연을
못 하는 것이다.

사회적으로 존경받는 교수나 고위공무원도 성숙하지 못한 행동
을 저질러 하루아침에 나락으로 떨어지기도 한다. 수십 년을 공들여

쌓아온 명성이 단번에 무너지는 것이다. 이는 결국 '인성의 문제'라고 볼 수 있다.

아무리 실력이 뛰어날지라도 인성이 성숙하지 않으면 한순간에 무너질 수 있다. 힘들게 노력해서 세운 공든 탑이 무너지지 않으려면 실력보다 인성을 중요시해야 한다. 따라서 청소년 시기부터 바람직한 인성을 만들려고 노력해야 한다. 그렇지 않으면 좋은 대학이나 직장은 별 의미가 없다. 요즘은 대학입시와 기업 입사에서도 인성을 평가의 주요 잣대로 내세우고 있다. 인성이 올바르지 않으면 대학이나 회사에 들어가기도 힘든 시대가 된 것이다.

인성(人性)이란 사람의 성품(性品), 즉 사람의 성질과 품격을 일컫는 말이다. '저 사람은 인성이 훌륭해'라는 건 말과 행동이 바람직하다는 뜻이다. 인격은 그럴듯하게 포장한다고 해서 감춰지지 않는다. 내가 평소에 품고 있는 생각이자 말과 행동이며 마음의 결단이기 때문에 삶의 태도로 고스란히 드러난다. 그러므로 자신의 내면을 바르게 가꾸어 바람직한 인성을 지닌 사람이 되도록 노력해야 한다.

> 무엇보다 자기 자신에게 진실하면 어떤 사람과의 관계에서도
> 실패하지 않을 것이다.
> — 윌리엄 셰익스피어(William Shakespeare), 영국의 극작가

미국 건국의 아버지라 불리는 벤저민 프랭클린은 완벽한 인격체

를 갖추려고 평생을 힘썼다. 그는 젊었을 때부터 정치가로 성공 가도를 달렸다. 하지만 성숙하지 못한 인격 때문에 다른 사람에게 상처를 주는 일이 많았다.

토론을 좋아했던 그는 자신의 논리로 다른 사람을 몰아붙였다. 그 과정에서 상대의 마음에 상처가 되는 행동도 서슴지 않았다. 때로는 하지 말아야 할 행동에 휩싸이기도 했다. 자기 삶이 성숙하지 못하다는 것을 발견한 그는 완벽한 인격체를 이루기 위한 13가지 덕목과 규율을 정했다.

프랭클린은 13가지 덕목을 정하기 전에도 스스로 덕스러운 사람이 되기 위해 노력했다. 하지만 생각만으로는 성숙한 인격을 갖추기가 어렵다는 것을 깨달았다. 잠시라도 방심하면 그 틈을 타 나쁜 행동이 나타난다는 것을 알았다. 그래서 나쁜 습관을 바로잡고 훈련할 수 있는 덕목을 정한 것이다. 그가 정한 13가지 덕목과 거기에 따른 규율은 다음과 같다.

1. 절제　과음, 과식을 하지 않는다.
2. 과묵　자신이나 남에게 유익하지 않은 불필요한 말을 하지 않는다.
3. 질서　모든 것을 제자리에 두고, 주어진 일을 제때 한다.
4. 결단　할 일은 꼭 하겠다고 결심하고, 반드시 실천한다.
5. 검약　자기나 남에게 도움이 안 되는 일에 돈을 낭비하지 않

는다.

6. 근면   시간을 헛되이 보내지 않고, 항상 유익한 일만 하며 불
           필요한 행동 역시 삼간다.

7. 진실   남을 속이지 않으며 순수하고 정당하게 생각하고 말
           한다.

8. 정의   다른 사람에게 손해를 입히거나 상처를 주지 않는다.

9. 중용   극단적인 것을 피한다.

10. 청결 신체, 의복, 주택에 불결한 흔적을 남기지 않는다.

11. 침착 사소한 일이나 어쩔 수 없는 일에도 침착함을 잃지 않
           는다.

12. 순결 건강과 자손을 위해서만 잠자리를 한다. 감각이 둔해
           지고 몸이 쇠약해지고, 부부의 평화와 평판에 해가 될
           정도까지 하지 않는다.

13. 겸손 예수와 소크라테스를 본받는다.

그는 자신이 정한 덕목과 규율을 지키려고 작은 수첩에 표를 만
들었다. 그리고 날마다 각 덕목을 지켰는지 확인했다. 지키지 못한
덕목에는 까만 점을 그리고 일주일 단위로 관리했다. 까만 점이 없
어질 때까지 그 덕목을 기르기 위해 집중적으로 훈련하고 노력했다.
그러자 점차 나쁜 습관과 행동이 줄어들었다. 자신이 원하는 덕목이
점점 자신의 인격으로 자리 잡아감을 느꼈다. 그는 13가지 덕목을

무려 50년 동안 훈련했다. 그러자 13가지 덕목이 마침내 그의 인격이 되었다. 바람직한 인격은 저절로 만들어지지 않는다. 피나는 훈련과 노력을 기울이고 생각과 말과 행동을 늘 조심해야 가능하다.

"나는 지금도 젊은 시절에 세웠던 인생의 목표를 달성하려 노력하고 있다. 좋은 사람이 되겠다는 목표, 이것은 평생 노력해야 할 일이다."

바람직한 인성과 인격을 원한다면 자기만의 가치 덕목과 규율을 만들어보길 권한다. 그리고 매일 체크하며 훈련해보자. 그러면 머지 않은 시간에 그 가치 덕목이 자신의 것으로 자리매김하는 것을 발견할 것이다. 실력을 키우는 것보다 좋은 인성과 인격을 형성하는 것이 더 중요하다는 점을 잊지 말자.

유혹에 빠져들지 않도록 조심하라

화려한 색을 추구할수록 인간의 눈은 멀게 된다. 세밀한
소리를 추구할수록 인간의 귀는 먹게 된다. 맛있는 음식을
추구할수록 사람의 입은 상하게 된다. 얻기 힘든 물건에
마음을 빼앗기면 사람의 행동은 무자비하게 된다.
– 노자(老子), 중국의 사상가

유혹은 대부분 해서는 안 될 일을 하도록 이끈다. 유혹에 빠지면
쾌락적인 감정을 느낄 수도 있고, 어렵지 않게 원하는 결과물을 얻
을 수도 있다. 그래서 실패하는 사람들의 공통 특징은 유혹을 잘 견
디지 못한다는 것이다. 에너지가 넘치고 호기심이 왕성한 청소년기에
도 유혹에 빠질 위험이 크다. 스스로를 제어하는 능력이 부족한 때
라 쉽게 뭔가에 빠질 수 있다.

현대인에게 스마트폰은 없어서는 안 될 필수품이 되었다. 청소년들도 다르지 않다. 코로나 팬데믹으로 학교에 갈 수 없을 때 많은 청소년이 스마트폰으로 학교 동영상 수업을 시청했다. 다양한 수업 자료도 스마트폰으로 업로드하고 해결했다. 그런데 유용하게 활용해야 할 스마트폰이 삶을 유혹하는 도구가 되기도 한다.

2021년 여성가족부는 한국청소년정책연구원과 청소년 통계를 작성했다. 그중 스마트폰 사용실태를 조사했는데 10대(10~19세) 청소년 10명 중 4명(37.0퍼센트)은 스마트폰 과의존 위험군이라고 밝혔다. 해마다 위험군 수치는 증가하고 있다. 편리하게 사용하는 스마트폰이 어느새 청소년의 삶을 위협하는 것이다.

삶을 유혹하는 것은 우리 주변에 항상 도사리고 있다. 미국의 유명한 저널 〈웨스턴 라이브스톡〉에 실린 '유혹은 아예 현관 벨에 기대고 서 있다'는 글처럼 문만 열고 나가도 삶을 방해하는 요소가 널려 있다. 이런 유혹에 현명하게 대처하지 않으면 수렁에 빠지게 된다.

유혹이라는 수렁에 빠지면 중독으로 연결된다. 자신도 모르는 사이에 통제할 수 없는 지경에 이른다. 중독은 좀처럼 빠져나올 수 없다. 삶의 발목을 잡고 늘어져 꿈의 길을 걷지 못하도록 만들어 버린다.

그런데 청소년들은 이런 위험성을 잘 느끼지 못한다. 마음만 먹으면 언제든지 그만둘 수 있다고 생각한다. 그러나 한번 중독에 빠지면 쉽게 헤어나올 수 없다는 것을 꼭 기억해야 한다.

> 수단을 더 동원할 게 아니라 욕구 수준을 낮추어라.
> – 아리스토텔레스(Aristoteles), 그리스의 철학자

유혹에 쉽게 빠지게 되는 이유는 무엇일까? 대부분 유혹은 한 번의 거짓말, 한 번의 게임, 한 번의 야한 동영상 클릭 등 단 한 번에서 시작된다. 그러므로 유혹에 빠지지 않으려면 '단 한 번'을 조심해야 한다.

두 번째는 '이 정도는 괜찮겠지'라는 생각에서 비롯된다. 자신이 유혹에 빠져 행동하는 것을 대수롭지 않게 여기는 것이다. '설마' 하는 마음과 같다. 옛날 속담에 "설마가 사람 잡는다"라는 말이 있다. 가볍게 여긴 일이 엄청난 결과를 낳는다는 뜻이다. 모든 유혹은 그렇게 서서히 진행된다. '친구들도 다하는 데 뭐'라는 생각도 위험하다. 때로는 따돌림을 당할까 봐 어쩔 수 없이 동참하기도 한다. 그러나 이제부터는 남들이 하니까 자신도 해야 한다는 생각은 버려야 한다.

그렇다면 실생활에서 유혹을 이겨내는 방법은 무엇일까? 자신이 현재 빠져 있는 것과 반대되는 것을 찾아 시도하는 것이다. 오염된 물에 맑은 물을 계속 틀어놓으면 깨끗해지는 것과 같은 원리이다.

예를 들어 야한 동영상에 빠져 있다면 액션, 드라마, 코믹 등 다른 영화를 찾아보는 것이다. 영화 한 편이 주는 웃음과 감동을 안다면 야한 동영상의 유혹에서 빠져나올 수 있다. 인터넷 게임에 빠졌

다면 친구들과 어울려 운동을 해보자. 땀 흘리며 놀다 보면 게임에서는 느낄 수 없는 상쾌함을 느낄 수 있다. 대중가요에만 너무 빠졌다면 클래식이나 재즈 등 다른 장르의 음악도 들어보자. 새로운 음악으로 또 다른 감각의 확장을 경험할 수 있다. 그렇게 조금씩 새로운 것을 시도하면서 변화를 모색해보자. 그러다 보면 점차 유혹에 강해지는 자신을 발견하게 될 것이다.

한 방으로 끝나는 인생은 없다

인생은 어려움을 극복하고, 성공을 향해 한 걸음씩 나아가고,
새로운 소망을 품고, 그 소망을 보고 기뻐하는 것 이상의
즐거움은 주지 않는다.

– 새뮤얼 존슨(Samuel Johnson), 영국의 비평가

2021년 한 단체에서 전국 3,000여 중·고교를 상대로 부패인식설문조사를 진행했다. 보는 사람이 없으면 법을 지키지 않아도 된다고 생각한 학생은 47.3퍼센트, 뇌물을 써서라도 문제를 기꺼이 해결할 것이라고 응답한 학생은 27.3퍼센트였다.

또한 '교도소에서 10년을 살아도 10억을 벌 수 있다면 부패를 저지를 수 있다'고 답한 학생은 16.8퍼센트, 유보하는 태도를 보인 학생은 13.4퍼센트였다. 돈이면 뭐든지 해결할 수 있다는 생각이 크게 작용한 결과라고 볼 수 있다. 그런데 정말 한순간에 일확천금을 얻으면 행복해질까?

영국에 사는 칼리 로저스는 16세에 무려 32억 원의 복권에 당첨되었다. 어린 나이에 복권에 당첨된 후 그녀는 언론의 주목을 받았다. 매일 손님을 초대해 파티를 열고 쇼핑과 성형수술로 큰돈을 쓰며 재산을 탕진했다. 마약까지 손을 댄 그녀는 10년 후 거의 모든 돈을 써버리고 말았다.

그녀는 돈을 관리하는 능력이 전혀 없었다. 절제의 미덕도 배우지 못해 흥청망청 돈을 다 썼다. 쉽게 얻은 돈이라 소중하게 생각하지 않고 물 쓰듯이 써버린 것이다. 그녀는 복권당첨 후의 인생을 회고하며 이렇게 말했다.

"16세의 어린 소녀가 감당하기에 당첨금이 너무 컸다."

"큰돈 때문에 행복이 아닌 고독과 상처를 받았다."

"오랜 시간 나는 목적지 없이 표류하듯 살았다."

"나는 복권에 당첨되고 단 한 번도 행복한 적이 없었다."

"평범한 가정을 이루고 사는 지금이 더 행복하다."

많은 청소년도 알라딘의 요술램프처럼 꿈이 한순간에 이뤄지길 바란다. 노력을 기울여 꿈을 이루려고 하기보다 요행을 원하는 사람이 많다. 한순간에 많은 돈을 손에 쥘 수 있다면 교도소에 가는 것도 마다하지 않겠다고 하니 참 안타까운 현실이다.

인생을 한 방에 해결하려는 사람은 수단과 방법을 가리지 않는다. 불의를 저지르는 것도 우습게 생각한다. 자신의 목표를 위해서라면 법을 지키지 않아도 된다고 여긴다. 하지만 그에 따른 결과는 참혹하기 짝이 없다.

일본 기업 교세라의 창립자이자 명예회장인 이나모리 가즈오는 일본에서 제일 존경받는 경영자 중 한 사람이자 살아 있는 '경영의 신'으로 불린다. 그는 자신의 성공비결이 한 방을 노린 것이 아니라 성실함이라고 말했다.

"만일 지금 성실하게 일하는 것밖에 내세울 것이 없다고 한탄한다면 그 우직함이야말로 가장 감사해야 할 능력이라고 말하고 싶다. 지속의 힘, 지루한 일이라도 열심히 계속해나가는 것은 인생을 더 가치 있게 만드는 진정한 능력이다."

인생은 흘러가고 사라지는 것이 아니다.
성실로써 이루고 쌓아가는 것이다.
우리는 하루하루를 그냥 의미 없이 보내지 말고
노력으로 아름답고 참된 것을
차곡차곡 쌓아가야 한다. 하루를 뜻있게 보내라.
– 존 러스킨(John Ruskin), 영국의 비평가

송나라 때 한 농부가 있었다. 그는 모내기를 끝내자마자 모가 어느 정도 자랐는지 궁금했다. 날이 밝기가 무섭게 그는 서둘러 논에 나가 보았다. 그런데 자기 논에 심어놓은 벼만 유독 다른 사람이 심은 것보다 덜 자란 것처럼 보였다.

농부는 불안한 마음에 논으로 들어가 벼를 조금씩 잡아당겼다. 그러자 옆에 있는 벼와 비슷해졌다. 그것을 본 농부의 얼굴에 환한 미소가 번졌다. 농부는 다음 날에도 논에 들어가 벼를 잡아당겼다. 다른 논의 벼보다 자신의 벼가 빨리 자라기를 원했던 것이다. 그러고는 집으로 돌아가 이렇게 말했다.

"오늘도 하루 종일 벼를 빨리 자라게 하려고 당기고 왔더니 힘이 하나도 없네!"

농부의 말을 들은 가족은 깜짝 놀랐다. 그래서 날이 밝기가 무섭게 모두 서둘러 논으로 향했다. 하지만 벼는 이미 하얗게 말라 죽어 있었다.

농부는 벼가 뿌리를 내리고 자라기를 기다리지 못했다. 남들보다 빨리 수확을 하고 싶은 마음에 자신의 행동이 불러올 결과를 생각하지 못한 것이다. 그의 행동으로 벼가 빨리 자라기는커녕 오히려 부작용만 생겼다.

인생에서 한 방이란 절대 없다. 성공한 사람은 모두 매일 반복적으로 무언가에 매진하고 있다. 성실하게 주어진 일에 최선을 다한다. 결국 인생의 성공은 성실함 속에서 피어나는 것이다. 그렇게 땀 흘려 얻는 노력이 진정한 가치가 있다.

꿈의 열매도 한 방에 맺어지지 않는다. 꿈의 씨앗을 뿌렸으면 그것이 뿌리를 내리고 줄기를 뻗는 시간도 필요하다. 따가운 햇볕과 비바람을 견뎌야 탐스러운 열매가 열린다. 인생의 열매도 이런 과정에서 열리고 수확되는 것이다.

돈에 관한 생각이 삶을 결정한다

돈은 대개가 껍데기일 뿐 알맹이는 아니다. 돈으로 먹을 것을
살 수는 있지만 식욕은 살 수 없으며, 약은 살 수 있되 건강은
살 수 없다. 재물을 살 수는 있지만 친구는 살 수 없고, 하인은
살 수 있으나 충직함은 살 수 없다.

— 헨리크 입센(Henrik Ibsen), 노르웨이의 극작가

청소년은 대부분 돈을 쉽고 빠르게 많이 벌고 싶어 한다. 10억 원
을 준다면 교도소에 갔다 오겠다는 학생도 많이 보았다. 어떤 학생
은 "남는 장사"라고 말하기도 했다. 1년을 교도소에 있어도 10억 원
을 받을 수 있으니 남는 장사라는 것이다. 그 이야기를 듣고 씁쓸한
미소를 지었다.

우리가 살아가는 데 돈은 꼭 필요하다. 돈이 있어야 원하는 것도

살 수 있고, 하고 싶은 일도 별 제약 없이 할 수 있다. 삶을 누리기 위해서 돈은 절대적이라고 해도 지나친 말이 아니다. 우리가 힘들게 공부하는 것은 자기계발, 가치 구현이라는 목적도 있지만 돈을 잘 벌려는 목적도 있다. 명문대학, 안정적인 직업과 직장을 향해 달려가는 것도 돈과 관련이 있다. 내가 강의를 다니는 것도 사실 돈을 벌려는 목적이 있다. 하지만 돈이 전부는 아니다. 내가 생각하는 '가치' 아래 이루고 싶은 꿈을 펼치기 위해서이다.

우리가 살면서 내리는 결정의 밑바탕에는 자기만의 '가치'가 자리 잡고 있다. 사람은 그 가치에 따라 판단하고 행동한다. 가치는 살아가면서 스스로 옳다고 여기는 기준이 된다. 마음 밑바탕에 깔린 중심추와 같다.

가치에는 그 자체가 목적이 되는 '목적가치'와 수단이 되는 '도구가치'가 있다. 목적이 되는 가치는 평등, 사회정의, 평화처럼 그 자체가 목적이 되는 것을 말한다. 도구가치는 목적 추구에 수단이 되는 것이다. 명예와 권력, 지위 같은 것을 말한다.

특히 돈은 목적으로 삼을 수도 있고 수단으로 삼을 수도 있다. 그것을 목적으로 삼느냐 도구로 삼느냐에 따라 인생 자체가 달라질 수 있다. 돈은 우리 삶을 좀 더 행복하고 풍요롭게 해주는 수단일 뿐이다. 따라서 돈 자체를 목적으로 삼는다면 행복한 삶을 누리기 어렵다.

적당한 돈은 당신을 떠받칠 것이다. 하지만 더 많이 가질수록,
당신이 그 돈을 떠받쳐야 한다.

– 영국 속담

철강왕 앤드루 카네기는 14세 때 부모를 따라 스코틀랜드에서
미국으로 이민을 떠났다. 그 과정에서 많은 빚을 지게 되어 그는 어
린 시절부터 공장을 전전하며 돈을 벌어야 했다.

공부를 제대로 할 수 없었던 그는 10대 중반 무렵 마을의 한 자
선가의 서재에 드나들며 책을 읽기 시작했다. 초등학교도 제대로 나
오지 못했지만 그곳에서 읽고 쓰기를 배웠다. 그때 쌓은 지식과 교
양이 그의 삶을 이끌어주었다. 그는 전보 배달원에서 전기기사를 거
쳐 철도회사에 다니며 사업수완을 키워서 결국에는 철강회사를 세
워 많은 돈을 벌었다. 억만장자가 된 카네기는 재산을 후손에게 물
려주지 않고 자선사업에 썼다. 어린 시절 돈에 대한 가치가 뚜렷하게
세워져 있었기 때문이다.

그는 35세를 기준으로 전반기에는 돈을 벌고, 후반기에는 그 돈
으로 자선사업을 하는 것을 삶의 목표로 세웠다. 비록 35세를 훌쩍
넘은 66세가 되어서야 자선사업에 뛰어들었지만 열정만큼은 대단했
다. 카네기는 교육과 문화사업에 주력했다. 어린 시절 자선가의 개인
서재에서 공부한 것을 잊을 수 없었던 그는 영어 문화권 나라에 무
려 2,500여 개 도서관을 건립했다. 지금의 카네기멜론 대학교의 전신

인 카네기 공과대학 설립에도 거액을 투자했다. 공연 부분을 지원하려고 그 유명한 카네기홀도 지었다.

카네기가 이렇게 자선사업에 몰두한 것은 돈 자체에 목적을 두지 않았기 때문이다. 그는 돈을 교육과 사회발전의 수단으로 여겼다. 돈에 대해 어떤 가치를 두고 있었는지는 그의 말을 들어보면 알 수 있다.

"부자가 되어서 부자로 죽는 것은 불명예다."

철학자 프랜시스 베이컨은 "돈은 좋은 머슴이기는 하지만, 나쁜 주인이기도 하다"라는 말을 했다. 돈의 노예가 되느냐 주인이 되느냐에 따라 삶이 달라진다는 의미이다. 솔론이라는 사람은 "만족할 줄 아는 사람은 진정한 부자이고, 탐욕스러운 사람은 진실로 가난한 사람이다"라고 말했다.

청소년기에는 돈에 대한 올바른 철학을 반드시 세워야 한다. 돈에 대한 가치 부여가 인생의 성패를 좌우한다. 돈의 노예가 될 것인지 주인이 될 것인지는 각자가 품고 있는 가치에 따라 달라진다. 나는 돈에 어떤 가치를 부여하고 있는지 생각해보자.

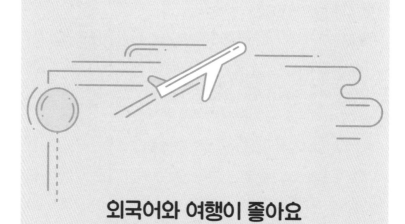

외국어와 여행이 좋아요

번역가, 통역사, 항공기 조종사, 항해사, 항공기 승무원

번역가

외국어로 쓴 문서나 보고서, 책 등을 우리말로 옮기거나 우리말로 된 것을 외국어로 옮기는 일을 한다. 그 밖에 영화나 드라마, 다큐멘터리를 우리말로 바꿔 자막을 만드는 일도 한다.

번역가가 되는 길 ▶ 관심 가는 언어의 문장력과 표현력, 감각을 키워야 한다. 단어 하나도 정확히 살피는 꼼꼼함과 성실함, 끈기도 필요하다. 전문가로 인정받으려면 오랜 시간이 걸리기도 한다. 번역가는 외국어 실력이 중요하므로 대학에서 외국어를 전공하면 도움이 된다.

통역사

서로 다른 언어를 사용하는 사람들 사이에서 상대방의 언어를 즉시 해석해 뜻이 통하도록 말을 옮겨주는 일을 한다. 주로 국제회의나 방송, 기업체 등에서 일을 한다.

통역사가 되는 길 ▶ 통역사가 되려면 해당 나라의 언어뿐만 아니라 문화도 알아야 의미를 잘 전달할 수 있다. 우리말 실력도 뛰어나야 한다. 순간적인 집중력과 분석력이 필요하다. 통역사는 통역번역대학원 출신이 많다. 외국에서 생활한 경험이 있으면 도움이 많이 된다.

항공기 조종사

비행기를 조종하여 여객과 화물을 목적지까지 안전하게 운송하는 일을 한다.

항공기 조종사가 되는 길 ▶ 수학과 과학, 기계에 대한 전문지식이 필요하다. 강한 체력과 정신력, 책임감도 요구된다. 까다로운 신체검사와 적성검사를 통과해야 자격이 주어진다. 항공기 조종사는 대부분 공군 조종사 출신이 많다. 공군사관학교를 졸업한 후 조종사로 10년 이상 복무해야 전역 후 민간 항공사의 조종사로 취업할 수 있다. 대학의 항공운항과를 졸업하고 학군단(ROTC)에 편입해 군 복무를 마치고 민간 항공사에 취직할 수도 있다.

항해사

여객선이나 화물선, 어선 등으로 사람과 짐을 안전하게 실어나

르도록 운항을 책임지는 일을 한다.

항해사가 되는 길 ▶ 외국어 실력은 물론 한정된 공간에서 서로 화합하며 지낼 수 있는 친화력이 필요하다. 해양수산원에서 해기사 양성 교육과정을 이수하거나 해양대학교에서 공부하면 항해사가 될 수 있으며, 반드시 해기사 국가 자격시험을 통과해야 한다.

항공기 승무원

항공기에서 승객이 원하는 목적지에 도착할 때까지 안전하고 편안하게 여행할 수 있도록 편의를 제공하는 일을 한다.

항공기 승무원이 되는 길 ▶ 서비스를 제공하는 일이므로 이에 적합한 서비스 정신과 매너가 중요하다. 외국어 실력, 체력, 위기대처 능력을 꼼꼼하게 살피기도 한다. 대학에서 항공과 관련된 학과를 전공한 후 항공사 시험에 합격해야 한다.

참지 못한 순간의 분노가 인생을 망친다

마음속에 과거에 대한 분노를 담아두면 둘수록,
현재의 여러분은 점점 더 사랑하기 힘들어집니다.

— 바버라 드 안젤리스(Barbara De Angelis), 미국의 작가

순간의 분노를 참지 못해 하지 말아야 할 행동을 하는 사람이 있다. 그들은 대부분 참혹한 결과를 맞는다. 누군가에게 상처를 입힌다든지 자신을 힘들게 한다. 요즘은 사회적인 현상으로까지 번지는 것 같다. '묻지 마 살인, 학교 내 폭력, 지하철 막말녀' 등은 순간을 참지 못해 벌어진 현상에 대한 이름이다.

요즘 사람들은 사소한 일에도 예민하게 반응한다. 자신에게 누군가 조금이라도 간섭하거나 자신이 불이익을 받는 일을 참지 못한다. 짜증을 내고 화를 폭발시키기 일쑤이다. 언제 터질지 모르는 핵

폭탄을 가슴에 품고 사는 사람이 참 많다.

청소년도 예외는 아니다. 하루가 멀다 하고 충동적으로 일으키는 범죄가 언론매체에 오르내리고 있다. 예전에는 어른의 따끔한 충고로 청소년을 좋은 방향으로 이끌어갔다. 그러나 요즘 청소년은 누구의 말도 들으려 하지 않는다. 어른도 쉽게 청소년에게 다가가지 못한다. 충동적으로 돌변하는 청소년을 감당할 수 없기 때문이다. 참 안타까운 일이다.

분노를 제대로 다스리지 못하면 인생은 파멸로 치닫는다. 화를 내면 혈액 속에서 염증을 일으키는 세포가 증가한다. 또한 얼굴이 벌겋게 달아오르고 몸에서 열이 난다. 이것은 혈압이 올라갔다는 증거이다. 염증을 일으키는 세포가 혈압을 증가시키는 작용을 한다. 혈액에 염증 수치가 높으면 심장까지 영향을 준다.

어떤 의사는 우리가 한 번 화를 낼 때마다 심장이 뜨겁게 달궈진다고 말한다. 그러면 감염에 대한 저항력이 약해지고 면역체계가 무너져 건강에 적신호가 들어온다. 따라서 분노를 잘 다스리고 관리하여 건강을 지켜야 한다.

분노를 다스리기 위해서 반드시 알아야 할 것이 있다. 분노는 온전히 '나의 선택'이라는 것이다. 분노에 대한 책임을 남에게 돌릴 이유가 없다. 속이 상하고 화가 나는 상황에서 분노하는 것은 자신이 선택한 결과라는 점을 기억하자.

분노를 이기는 자는 최대의 적을 극복하는 것이다.
– 퀸투스 호라티우스 플라쿠스(Quintus Horatius Flaccus), 로마의 시인

분노를 다스리고 관리하는 것은 무조건 참고 견디라는 의미가 아니다. 화를 참지 않는 것도, 참고 견디는 것도 올바른 방법은 아니다. 분노를 다스린다는 것은 분노와 싸우는 것이 아니다. 그 감정이 일어난 원인을 찾고 그에 합당한 해결책을 마련하는 것이다. 평온했던 마음에 왜 균열이 생겼는지 찬찬히 생각해보면 그 원인을 찾을 수 있다.

분노라는 감정은 사실 속상함이다. 속상한 마음을 잘 표현하지 못해 분노로 표출하는 것이다. 그러므로 어떤 문제로 마음이 상하는지 살펴야 한다. 문제의 원인을 파악하면 화를 내지 않고도 의외로 쉽게 문제를 해결할 수 있다. 원인을 제대로 파악하지 않으면 다른 사람이나 자신을 계속 탓할지도 모른다. 분한 마음이 계속 남아 다른 사람에게 전염시킬 수도 있다.

사람은 보통 화가 나는 상황에서 3초를 견디지 못해 화를 낸다고 한다. 3초를 견디면 화에서 멀어질 수 있다. 그 3초를 슬기롭게 넘기려면 우선 심호흡을 길게 하는 것이 좋다. 화가 나면 호흡이 가빠지면서 이성적인 판단을 하기 어렵기 때문이다. 그때 길게 호흡을 하며 화를 가다듬으면 좀 진정된다. 또한 분노를 진정하려면 화난 마음을 어루만져주어야 한다. 자기 자신과 대화를 시도하는 것도

좋다. 왜 화가 났는지, 화가 났을 때 마음이 어떠했는지 등을 스스로에게 묻고 답하다 보면 마음이 점차 진정될 것이다.

화는 누구나 낼 수 있다. 하지만 어떻게 다스리느냐에 따라 자신과 주변을 죽이기도 하고 살리기도 한다. 청소년기는 스트레스도 많고 화낼 일도 많을 때다. 그럴수록 슬기롭게 분노를 다스리는 방법을 배우고 훈련해야 한다. 순간의 분노를 참지 못하면 올바른 인격을 형성하기 힘들다. 인내와 절제의 덕목도 품지 못한다. 특히 막말, 폭력, 극단적인 선택은 삼가자. 한 번의 실수로 영영 돌이킬 수 없는 길로 접어들 수 있다.

비교의식을 버리고 자존감을 갖추라

스스로를 존중할 줄 아는 사람들은 안전하다.
그들은 아무도 뚫지 못하는 갑옷을 입고 있는 것과 같다.
— 헨리 워즈워스 롱펠로(Henry Wadsworth Longfellow), 미국의 시인

'엄친아'라는 말이 있다. '엄마 친구의 아들'의 준말로 항상 비교
대상으로 지칭되는 사람을 뜻한다. 엄마 친구의 아들은 성적이 어떠
하더라, 대학은 어딜 갔다더라 등 우리는 자주 비교를 당한다. 그로
써 순간 자신이 초라해지기도 한다.

그런데 비교에 사로잡히면 삶을 올바르게 바라보지 못한다. 자
신의 장점보다는 단점에 초점을 맞추고 자신에게 부족한 것에 집중
한다. 그러다 보면 열등감에 휩싸이고 자존감을 잃는다. 자신을 소
중하게 여기지 못하는 이유는 늘 비교하기 때문이다. 철학자 키르케

고르는 "비교가 모든 비극의 원인"이라고 말했다. 정신과 의사 정혜신 박사는《마음 미술관》이라는 책에서 이렇게 이야기했다.

"인간의 삶을 불행하게 하는 가장 강력한 요소를 한 가지만 말하라면, 저는 주저 없이 '비교'를 첫손가락에 꼽겠습니다. '무엇보다'라는 수사가 동원되는 순간 삶의 리듬은 헝클어지고 내 목표는 초라해지거나 허황해 보이기 시작합니다."

비교의식은 자신의 삶을 비참하게 만든다. 누가 시키지도, 강요하지도, 비난하지도 않았는데 비교하는 순간 삶은 나락으로 떨어진다. 그래서 비교하지 않는 삶을 살아야 한다. 비교의식만큼 삶을 괴롭히는 것이 없다.

어떤 상담가가 대학생을 대상으로 상담을 하게 되었다. 지방에서 대학을 다니는 학생에게 먼저 물었다.

"대학에 다니니까 행복하죠?"

그러자 학생이 불평 어린 말로 대답했다.

"아니요. 대학에 다니면 뭐 합니까? 고작 지방대학인데요." 상담가는 이번에는 서울에서 대학을 다니는 학생을 만나 같은 질문을 했다. 그러자 그 학생은 이렇게 대답했다. "서울에 있는 대학에 다니면 뭐 해요. S대도 아닌데요."

상담가는 다시 S대에 다니는 학생을 찾아가 물었다. 그 학생은 "S대에 다니면 뭐 해요. 학과가 좋지 않은데요"라고 말했다.

얼마 후 상담가는 S대에서 좋은 학과를 다니는 학생을 만나 물었다. 그러자 그 학생은 이렇게 대답했다.

"좋은 과에 다니면 뭐 합니까. 수석도 못 하는데요."

학생들은 자신의 처지를 다른 사람과 비교하며 만족하지 못했다. 현재 위치보다 한 단계 올라가거나 성장하면 만족하고 행복할 것 같지만 비교의식을 떨쳐내지 않는 한 그것은 희망사항에 불과할 뿐이다.

물결이 잔잔할 때는 달그림자가 맑게 비친다.
물결이 일면 달빛도 흔들린다. 사람도 이와 마찬가지로 그 마음속이 조용하면 저절로 어진 행동을 하게 된다. 생각은 마음에 비치고, 마음은 행동으로 나타나는 법이다.
— 홍자성, 중국 명나라 유학자

노스웨스턴 대학교의 한 연구소는 시상대에 오른 은메달 선수와 동메달 선수의 표정을 분석해 행복점수를 매기는 실험을 했다. 동메달 선수는 10점 만점에 7.1을 받았다. 반면 은메달 수는 4.8점을 받았다. 보통 사람이라면 은메달을 받은 사람의 행복지수가 더 높을 것으로 생각한다. 하지만 여기에는 놀라운 비밀이 숨겨져 있다. 은메달의 비교 대상은 금메달이고, 동메달의 비교 대상은 노메달이었다. 상대적인 비교 대상에서 행복지수가 차이가 났던 것이다.

중국의 사상가 장자는 이런 말을 했다.

"먼저 당신의 가치를 발견하라. 이것만큼 소중한 것은 없다. 자신의 가치를 발견하지 못한 사람은 스스로를 함부로 대한다."

비교의식에 휩싸이면 자기 삶의 소중한 가치를 발견할 수 없다. 나는 이 세상에서 유일한 존재이다. 나는 나일 뿐 그 누구도 나를 대신할 수 없다. 자신의 존재를 인정하고 긍정할 때 비교의식은 사라지게 된다.

비교의식에서 해방돼야 비로소 자존감이 형성된다. 자존감은 누군가의 평가나 판단에 의해서가 아니라 자신의 가치를 믿고 스스로를 지지하며 아끼는 마음이다. 자존감이 높아야 용기와 자신감이 생긴다. 그럴 때 바람직한 인격도 형성된다.

온유와 겸손함으로 사람을 대하라

친절은 이 세상을 아름답게 만들며 모든 비난을 해결한다.
그리고 얽힌 것을 풀어헤치고, 어려운 일을 수월하게 만들고,
암담한 것을 즐겁게 바꾼다.

— 레프 톨스토이(Lev Tolstoy), 러시아의 문학가

사람을 만나다 보면 특별하게 대해준 것도 아닌데 끌리는 사람
이 있다. 그런 사람은 만날수록 푸근함이 느껴져 마음이 편안해진
다. 이런 사람의 특징은 대부분 온유하고 겸손하다. 자신을 낮추고
쉽게 화내지도 변덕스럽지도 않다. 그래서 신뢰가 간다.

온유는 따뜻함 혹은 부드러움을 의미한다. 차갑지 않고 따뜻하
고, 딱딱하지 않고 부드러운 마음을 품은 것이다. 또한 온유는 부드
러움뿐만 아니라 다른 사람과의 관계에서 고집을 꺾는 것이다. 자신

의 의견만 주장하지 않고 새로움을 받아들이는 유연한 사고를 하는 것이다.

우리 주변에는 두 종류의 사람이 있다. 한 명은 성을 쌓는 사람이고, 다른 한 명은 길을 여는 사람이다. 전자는 자신만의 성을 쌓고 누구도 접근하지 못하게 하는 사람이고, 후자는 마음의 문을 활짝 열어 누구나 받아들이는 사람이다. 온유하다는 것은 후자처럼 열린 마음을 갖는 것이다.

기원전 3세기경, 동양과 서양에 각각 대규모 토목공사가 이뤄졌다. 동양에서는 진나라의 만리장성이 구축되었고, 서양에서는 로마의 가도공사가 진행되었다. 한쪽은 외부의 침입을 막으려는 공사였고, 다른 쪽은 더 넓은 세상으로 향하려는 목적이 있었다. 결론적으로 말하면 외부와 담을 쌓은 진나라는 곧 멸망의 길을 걸었다. 반면 가도공사를 한 로마는 천년제국을 이루었다. '모든 길은 로마로 통한다'는 말도 여기서 유래했다.

우리 마음도 닫기보다는 열어야 한다. 화창한 햇살은 창을 열어야 들어올 수 있다. 우리 마음도 활짝 열어야 환해진다. 그러면 마음도 스펀지처럼 변한다. 누군가 가시로 찔러도 그것을 흡수해 상처받지 않는다. 넓은 마음으로 포용하는 것이다. 그래서 온유는 강함을 이기는 힘이 된다.

장애를 극복한 위대한 인물 헬렌 켈러 하면 설리번 선생님이 생각난다. 헬렌 켈러가 위인의 반열에 서기까지는 설리번 선생님의 역할이 컸다. 헬렌 켈러의 어린 시절은 듣지도 못하고, 보지도 못하고, 말하지도 못해 비참했다. 그러다 보니 그녀의 행동은 들짐승처럼 도무지 통제되지 않았다. 헬렌 켈러를 가르치려고 왔던 선생님들은 그녀 상태를 보고 모두 떠나고 말았다.

하지만 설리번 선생님은 달랐다. 첫날부터 헬렌 켈러를 꼭 안아서 안정감을 심어주었다. 설리번 선생님은 단어 하나하나를 정성껏 가르쳤다. '물'이라는 단어 하나를 가르치려고 직접 물을 만지게 했고 또 단어를 손바닥에 써주는 것을 수백 번 반복했다.

어느 날 설리번 선생님이 헬렌에게 "사랑이 무엇이라고 생각하니?"라고 물었다. 헬렌은 망설임 없이 "선생님이 오시던 날 나를 꼭 안아주신 것"이라고 대답했다. 설리번 선생님이 자신을 따뜻하게 안아준 그때부터 헬렌은 사랑을 느끼고 변화하기 시작한 것이다.

> 겸손이 없다면 인생의 가장 기본적인 교훈도 배울 수 없다.
> – 존 톰슨(John Thomson), 영국의 물리학자

겸손은 자신을 낮추는 마음이다. 나의 잘남을 내세우지 않는 것이다. 겸손하지 않으면 교만하게 된다. 교만은 상대를 배려하지 못하고 결국엔 상처를 줄 수 있다.

철강왕 앤드루 카네기는 가난을 딛고 성공한 대표적 인물이다. 카네기는 자신의 묘비명에 "자기보다 훌륭하고 덕이 높고 잘난 사

람, 그러한 사람들을 곁에 모아둘 줄 아는 사람 여기 잠들다"라고 남겼다. 그가 대성공을 이룬 이유 중 하나는 묘비명처럼 그의 곁에는 늘 그에 버금가는 인물들이 있었기 때문이다. 앤드루 카네기는 겸손한 태도로 다른 사람의 장점을 발견하고 우호적으로 협력하는 재능이 있었다. 겸손한 사람은 자신보다 뛰어난 사람들에게 고개를 숙이고 도움을 청한다. 모든 상황이 잘 풀린다고 우쭐대지 말고 겸손한 마음으로 조심하고 경계하라는 뜻이다. 그러한 노력이 결국 그를 세계적 위인의 반열에 올려놓았다.

성자(聖者) 아우구스티누스는 "첫째 덕행은 겸손이고, 둘째도 겸손이요, 셋째도 겸손이다"라고 말했다. 겸손이 세상을 살아갈 때 꼭 필요한 덕목임을 강조하는 말이다. 모두가 성자 칭호를 들을 필요는 없지만 겸손의 미덕이 삶에 뿌리가 되도록 힘써야 한다. 온유와 겸손으로 무장할 때 바람직한 인격이 형성되고 사랑하며 살 수 있게 된다. 남을 이해하고 포용하며 낮아지는 사람이 진정한 리더이며 이 시대가 요구하는 인재상이다.

영화와 미술이 좋아요

영화감독, 만화가(웹툰작가), 큐레이터, 애니메이터

영화감독

연출, 촬영, 편집, 시나리오, 음악 등 영화제작의 전 과정을 진두지휘해 영화를 만드는 일을 한다.

영화감독이 되는 길 ▶ 영화는 종합예술이므로 다재다능해야 한다. 통솔력과 리더십은 필수적이며 순발력과 판단력도 요구된다. 대학에서 연극영화학이나 영화제작학을 공부하면 유리하다. 졸업 후에는 영화연출부에서 경력을 쌓거나 단편영화를 만들어 실력을 인정받아 영화감독으로 데뷔하기도 한다.

만화가(웹툰작가)

다양한 종류의 만화를 그려 독자에게 유익한 정보를 제공하거나 즐거움과 감동을 주는 일을 한다.

만화가가 되는 길 ▶ 미술 감각은 물론 내용을 전개하는 구성력과 문장력도 필요하다. 창의력과 상상력은 독창적인 작품을 만드는 밑거름이 된다. 만화 관련 학과에서 체계적으로 공부할 수도 있고, 유명 만화가의 제자가 되어 만화를 배우기도 한다. 출판사나 잡지사에서 실시하는 신인 작가 공모전에서 상을 받아 만화가로 데뷔할 수도 있다. 웹툰작가는 공모전에 출품하여 당선되거나 개인 SNS에 연재해 인지도를 쌓아 에이전시에 스카우트되어 데뷔하는 방법이 있다.

큐레이터

박물관이나 미술관에서 관람객을 위한 전시를 기획하고 작품을 수집하며 관리하는 일을 한다.

큐레이터가 되는 길 ▶ 작품을 볼 수 있는 안목과 관련 지식이 풍부해야 한다. 대학에서 고고학, 미학, 미술사학 등 관련 학과를 전공하면 도움이 된다. 보통 석사 이상의 학력을 요구하므로 대학원에서 예술기획, 박물관학, 미술관학을 공부하면 더 좋다.

애니메이터

애니메이션 작품의 기획부터 창작, 연출, 디자인, 촬영 등 제작의 전 분야를 담당한다.

애니메이터가 되는 길 ▶ 만화를 좋아하고 그림에 소질이 있어야 하며, 이야기를 전개해나가는 구성력과 상상력 등이 요구된다. 애니메이션 관련 고등학교와 대학교에서 공부하거나, 만화 관련 전문학원에서 교육과 훈련을 받을 수 있다. 공모전에 당선되면 많은 기회를 얻을 수 있다.

Part 6

조금이라도
의미 있는 삶을
살아라

성공적인 삶이란 무엇인가

진정한 행복은 자기만족에서 얻어지는 것이 아니라 가치 있는
일에 충실할 때 얻어지는 것이다.

– 헬렌 켈러(Helen Keller), 미국의 사회사업가

많은 사람이 성공하는 삶을 꿈꾼다. 하루하루 최선을 다하는 것
도 성공하기 위해서라고 말한다. 성공을 위해서 놀고 싶은 것도 참
고 견디며 나아간다.

하지만 우리 사회를 보면 성공했다고 말하는 사람의 겉모습은
그리 희망적이지 않다. 툭하면 터지는 비리와 각종 스캔들은 보는
이의 마음을 답답하게 한다. 성공했다지만 그들의 삶에서는 성공의
모습이 보이지 않는다. 그래서 청소년 시절부터 성공적인 삶이 무엇
인지 올바르게 알아야 한다. 왜곡된 성공의 정의가 세워지면 행복한

삶을 살기 힘들기 때문이다.

보통 성공한 삶은 눈에 보이는 것을 얼마나 갖추었는지에 따라 판단된다. 좋은 성적과 일류대학, 번듯한 직장과 폼 나는 직함, 평수가 넓은 집과 좋은 차 등이 성공의 기준이 되었다. 여기에 권력과 재력도 여전히 성공의 중요한 잣대이다. 그러나 요즘은 하고 싶은 일을 자유롭게 하며 여유를 즐기는 삶, 자기도 즐겁고 남에게도 도움이 되는 삶이 새로운 성공의 기준으로 떠오르고 있다.

그렇다면 여러분은 성공이 무엇이라고 생각하는가? 이 물음에 명확한 답을 내릴 수 있어야 바람직한 꿈을 품을 수 있다. 그렇지 않으면 남들이 정해놓은 성공 기준을 따라갈 수밖에 없다. 올바른 성공 기준을 세우려면 '무엇이 되느냐'보다 '어떻게 사느냐'를 고민해야 한다. 어떻게 사느냐를 고민하면 자연스레 바람직한 성공의 기준이 정립될 수 있다.

김수환 추기경의 책 중에서 《무엇이 될까보다 어떻게 살까를 꿈꿔라》라는 제목이 있다. 무엇이 되느냐보다 어떻게 살아야 하는지가 더 중요하다는 의미를 함축하고 있다. 김수환 추기경은 책 제목처럼 '어떻게 살까'를 고민하며 살았기에 많은 이의 모범이 되었다. 그는 약한 자의 편에 서서 그들의 인권과 삶의 질 향상에 헌신하는 삶을 살았다.

비록 좁고 구부러진 길일지라도

미국 다트머스 대학교 총장을 거쳐 세계은행 총재가 된 김용도 "무엇이 되기 위해 살지 마라"라고 조언했다. 그는 무엇이 되기 위한 삶을 살면 그것을 준비하는 과정에서는 열심히 노력하고 도전할 수 있다고 한다. 그리고 원하는 목표도 이룰 수 있다고 말한다. 하지만 자신이 되고 싶은 것을 이루고 나면 목표가 없어져 방황하거나 안주하게 된다고 강조했다.

현재에 안주하는 삶은 이제 더는 발전이 없다. 미래를 저버리고 의미 있는 삶을 살지 못한다. 그래서 무엇이 되기보다 어떻게 살지를 생각해야 한다. 의사가 되기보다는 의사가 되어 환자를 어떻게 진료할지를 꿈꾸고, 교사가 되기보다는 교사가 되어 어떻게 학생을 가르칠지를 꿈꿔야 한다.

김용은 세계은행 총재가 되기 위해 살아오지 않았다고 자신 있게 말한다. 아픈 자를 돕고 싶다 보니 의사가 되었고, 사회의 구석으로 밀려난 사람을 돕고 싶다 보니 문화인류학을 공부하게 되었다. 세계의 빈곤과 질병을 퇴치하려고 시간을 쏟아부었더니 어느덧 세계은행 총재가 되었다고 말한다. 김용은 '무엇이 되기 위해서'가 아니라 '어떻게 살아야 하는지'를 철저히 생각한 것이다. "성공이 무엇이냐"는 질문에 그는 이렇게 대답했다.

"저는 이곳에 누군가가 되고자 온 것이 아니라 무엇인가를 하러 온 것입니다. 그래서 제게는 그 마음을 잃지 않는 것이 성공입니다. 저는 세상을 위해 일하기보다 내 지위를 지키려고 노력할 때 스스로 이 일에서 물러날 겁니다. …… 또 한 가지 성공이라고 생각하는 건 좋은 남편, 좋은 아버지, 좋은 친구가 되는 것입니다. 이건 훨씬 더 어려운 일 같아요. 제게 '이제 충분히 성공했다'고 말하는 시점은 절대로 오지 않을 겁니다. 제게 성공은 저의 마지막 숨을 내쉴 때까지 세상을 위해 무엇인가 하려고 노력하는 겁니다."

진정한 성공은 모두가 함께 기뻐하며 진심으로 축하의 박수를 보내는 것이다. 주변을 살리고 사랑으로 감싸주고 함께 손잡고 나아가는 것이다. 나를 통해 누군가의 삶이 도움을 받아 풍요로워진다면 그것이 곧 성공이다. 그런 성공을 꿈꾸어야 한다.

할 수 있는 모든 선을 행하라

할 수 있는 모든 선을 행하라. 할 수 있는 모든 수단과 방법을 동원하여,
할 수 있는 모든 곳에서, 할 수 있는 모든 시간에, 할 수 있는 모든 사람에게, 할 수 있는 한 언제까지라도⋯⋯.

– 존 웨슬리(John Wesley), 영국의 신학자

우리는 다른 사람과 더불어 살아가는 존재로 태어났다. 입는 옷, 먹을거리, 교육 등 하나에서 열까지 혼자 힘으로는 해결할 수 없다. 그래서 진로를 디자인할 때 남에게 조금이라도 도움을 주겠다는 의지를 가지면 더 좋다. 존 웨슬리의 말대로 할 수 있는 한도 내에서 모든 선을 베풀겠다는 생각도 필요하다. 이런 생각과 의지가 모일 때라야 우리가 사는 사회는 살 만하다고 말할 수 있을 것이다.

2001년에 개봉한 영화 〈아름다운 세상을 위하여〉는 '도움 주기 운동'으로 세상을 변화시킨 이야기를 담고 있다. 영화에서 시모넷 선생님은 학생들에게 '세상을 바꿀 아이디어를 내고 실천에 옮길 것'이라는 과제를 내준다. 주인공 트레버는 '도움 주기 운동'이라는 아이디어를 낸다. 도움 주기 운동은 한 사람이 세 사람에게 도움을 주는 것이다. 단, 그 사람이 받을 만한 도움 중 아주 큰 것이어야 한다는 조건도 붙였다. 도움을 받은 세 사람은 또 다른 세 사람에게 도움을 주며 도미노처럼 퍼져가는 이론이었다.

트레버는 자신의 아이디어를 실천하기 위해 마약에 찌든 노숙자 제리를 돕는다. 엄마 몰래 잠자리를 제공하고 음식도 준다. 트레버의 도움으로 노숙자는 다시 일어서는 계기를 마련한다. 이후 노숙자는 자살하려는 여자를 살려낸다. 그렇게 도움 주기는 퍼져간다.

영화 마지막에는 한 기자에 의해 도움 주기가 방송을 타고 전 세계로 알려진다. 트레버로 시작된 작은 날갯짓이 세상을 변화시키는 계기가 된 것이다. 하지만 안타깝게도 트레버는 친구를 도우려다 목숨을 잃고 만다. 소식을 들은 많은 사람이 트레버의 집을 찾아 그의 숭고한 도움 주기 정신을 기리는 장면으로 영화는 막을 내린다. 영화는 나에게서 시작된 작은 도움이 사람을 변화시키고 세상을 바꿀 수 있다는 교훈을 준다.

청소년 시기라면 더더욱 누군가를 돕는 일에 관심을 기울여야 한다. 비록 작은 도움일지라도 그것이 세상을 바꾸는 작은 날갯짓이 될 수 있기 때문이다. 사랑의 메신저, 사랑의 천사로 이름을 떨친 마더 테레사 수녀는 이렇게 말했다.

"가장 무서운 악은 사랑과 자비로운 마음의 결핍이며, 착취와 부패, 가난과 질병으로 거리에서 사는 자신의 이웃에 대한 차가운 무관심이다."

무관심은 아무것도 바꿀 수 없다. 세상이 더 아름다워지길 바란다면 내가 먼저 도움이 필요한 사람에게 관심을 가지는 노력을 기울여야 한다.

절망을 어떻게 극복하는지 알고 싶은가? 다른 사람을 도우라. 절망이 말끔히 사라진다.

— 엘리 위젤(Elie Wiesel), 미국의 작가

사랑하는 사람에 관한 관심이 위대한 발명과 부를 가져다주기도 한다. 작은 상처가 날 때 유용하게 쓰이는 일회용 반창고는 사랑하는 사람에 관한 관심으로 발명되었다.

아내를 극진히 사랑했던 미국의 어얼 딕슨이라는 사람은 아내가 음식을 만들다가 손가락을 칼로 자주 베는 것을 보고 늘 속상해했다. 그는 직접 아내를 치료해줄 방법을 고민했다. 딕슨은 외과 치료용 테이프를 만드는 회사에 다녀 효과적인 치료법을 실험해볼 수 있었다. 많은 시도 끝에 외과 치료용 거즈로 상처를 간편하게 감쌀 수 있는 것을 만들었다. 그렇게 해서 탄생한 것이 일회용 반창고이다. 사랑하는 아내를 위해 만든 반창고로 그는 거액을 버는 행운도 누렸다.

재봉틀도 반창고와 탄생 역사가 비슷하다. 1880년대 일라이어스 하우라는 사람이 사랑하는 아내를 돕기 위해 재봉틀을 만들었다. 일라이어스 하우는 몸이 아파 제대로 일할 수가 없었고, 가족의 생계는 아내의 바느질로 꾸려갈 정도로 어려웠다. 그런 아내를 보며 안타까웠던 그는 '바느질을 기계로 할 수는 없을까?'라는 생각을 했고, 그것이 곧 재봉틀의 탄생으로 이어진 것이다.

《달과 6펜스》의 작가 서머싯 몸은 "인생에서 비극은 죽음이 아니라 사랑을 멈추는 것이다"라고 말했다. 그렇다. 이 세상에서 사랑이 멈추는 순간 비극은 시작된다. 사랑의 시작은 관심이라는 사실을 기억하며 주변을 둘러보면서 도움이 필요한 사람이 있는지 살펴보자. 거기에서 세상을 아름답게 변화시키는 위대한 역사가 시작된다.

자신을 사랑해야 남도 사랑할 수 있다

다른 사람과 사이좋게 지내기 전에 먼저 자신과 사이좋게
지내야만 한다. 내면적 갈등을 해결하지 못한 사람은 자신과
사이좋게 지낼 수 없고, 자신과 사이좋게 지낼 수 없는 사람은
당연히 다른 사람과도 사이좋게 지낼 수 없다.

— 루 매리노프(Lou Marionoff), 미국의 교수

자신을 먼저 사랑할 줄 모르는 상태에서 누군가를 사랑한다면
그 사랑은 온전한 사랑이 될 수 없다. 사랑을 나누려면 먼저 자신을
사랑하는 법을 배워야 한다. 자신을 사랑할 줄 모르면 다른 사람도
사랑하기 어렵다.

자신을 사랑하려면 자신을 소중히 여길 수 있어야 하는데 그게
쉽지 않다. 자신을 소중히 여기지 못하는 이유 중 하나는 누군가에

게 받은 내면의 상처 때문이다. 내면의 상처는 자신의 의지와 상관없이 생긴다. 특히 부모와의 잘못된 관계에서 비롯되는 경우가 많다. 그래서 자신을 사랑하기 위해서는 내면의 아픈 상처를 치유하는 일이 선행되어야 한다.

어떤 학자는 내면의 상처가 얇은 판자에 나 있는 못 자국 같다고 했다. 조그마한 못 자국은 평소에는 잘 눈에 띄지 않는다. 하지만 깜깜한 밤에 불빛을 비추면 못 자국이 난 곳으로 불빛이 스며든다. 이처럼 상처는 평소에는 잘 나타나지 않는다. 하지만 뜻대로 일이 되지 않거나 사랑의 결핍을 느낄 때면 못 자국이 난 곳으로 불빛이 스며든 것 같은 아픔을 느끼게 된다.

내면의 상처는 다양한 욕구가 제때 충족되지 않을 때 생긴다. 어린 시절부터 우리는 안정된 관계, 사랑, 생존, 존중, 공감 등의 욕구를 가지고 자란다. 이런 욕구가 충족되어야 안정감을 느끼고 자존감이 형성된다. 하지만 이와 같은 욕구 모두를 충족하며 살기는 쉽지 않다. 그러다 보니 저마다 아픈 못 자국이 하나쯤 가슴에 뚫려 있는 것이다.

다른 사람에게 내가 어떤 사람인지는
나 자신에게 내가 어떤 사람인지보다 절대로 중요하지 않다.
— 미셸 드 몽테뉴(Michel de Montaigne), 프랑스의 사상가

내면의 상처는 자신을 사랑할 수 없게 만든다. 주변과 관계 맺는 것에도 방해요소가 된다. 그렇다면 어떻게 해야 내면의 상처를 치유할 수 있을까. 내면의 상처를 치유하려면 우리가 하루에 사용하는 에너지가 어느 정도인지 점검할 필요가 있다. 미국의 정신 에너지 학자인 데이비드 호킨스 박사는《의식 혁명》에서 에너지양을 이렇게 밝히고 있다.

데이비드 호킨스 박사의 정신 에너지(의식) 레벨

내용	의식의 밝기 (Lux)	의식의 상태 (Level)	감정상태 (Emotion)	행동 (Action)
Power 긍정에너지	540	기쁨	감사	축복
	500	사랑	존경	공존
	400	이성	이해	통찰력
	350	수용	책임감	용서
	310	자발성	낙관	친절
	250	중립	신뢰	유연함
	200	**용기**	**긍정**	**힘을 주는**
Force 부정에너지	175	자존심	경멸	과장
	150	분노	미움	공격
	125	욕망	갈망	집착
	100	두려움	근심	회피
	75	슬픔	후회	낙담
	50	무기력	절망	포기
	30	죄의식	비난	학대
	20	수치심	굴욕	잔인함

보통 사람이 일상생활을 하는 데 필요한 에너지는 200이면 충분하다고 한다. 200을 기준으로 긍정적인 자세로 살아가면 에너지가 올라가지만, 부정적인 자세로 살아가면 에너지가 내려간다는 것이다.

그런데 누구를 미워하거나 분노에 휩싸이는 것은 자기 마음대로 되지 않는다. 남을 미워하지 않으려고 해도 저절로 그렇게 되거나 분노가 일어난다. 이런 원인은 우리의 자율신경계 때문이라고 한다. 자율신경은 마음의 지배를 받지 않고 무의식에서 나오는데, 이러한 자율신경이 마음을 지배해 삶의 에너지를 떨어뜨리는 것이다. 따라서 자율신경이 최대한 긍정적인 부분에 반응하도록 이끌어야 한다.

그런데 자율신경은 진짜와 가짜를 구분하지 못한다. 그래서 늘 긍정적인 마음을 품는 것이 중요하다. 모든 일에 감사하고, 좋은 일이 일어날 거라 믿고, 상대방을 이해하고, 용서하는 마음을 품으면 마음은 서서히 상처에서 멀어지게 된다.

삶에 소망을 품는 것도 필요하다. 소망이 있으면 과거에 얽매이지 않는다. 생일이 되거나 자신에게 특별한 날이 다가오면 어떤가. 기대감만으로도 기쁨이 샘솟는다. 소망을 찾지 못하면 절망 속에서 살아갈 수밖에 없다.

'언어 치료사'라 불리는 정호승 시인은 이렇게 말했다.

"자기를 스스로 보살피는 마음, 자기를 스스로 존중하는 마음, 자기를 스스로 책임질 줄 아는 마음이 있을 때 남을 진정 사랑할 수 있습니다."

자신을 사랑할 줄 아는 사람만이 남을 사랑할 수 있다. 자신을
사랑하면 내면의 아픈 상처와 못 자국은 설 자리를 잃는다. 그때 비
로소 여러분은 꿈을 향해 자유롭게 나아갈 수 있고 의미 있는 삶을
살아갈 수 있다.

세상을 변화시키겠다는 신념을 가져라

어떠한 일이 있더라도 인생에서 중요한 두 가지의
절대 요소를 놓쳐서는 안 된다. 그 절대 요소는 다름 아닌
신념과 희망이다.

— 새뮤얼 존슨(Samuel Johnson), 영국의 비평가

조금이라도 의미 있게 살아가려면 자기 나름의 신념이 있어야 한
다. 아무 생각 없이 살면 사는 대로 생각하게 된다. "굳이 의미 있는
삶을 살아야 하나?"라고 반문하는 사람도 있을 것이다. 그런데 한
번 생각해보라. 조금이라도 좋은 세상을 만들고자 노력하는 사람
이 없다면 우리 사회가 어떻게 될지. 또 모두 자신의 이익을 위해서만
살아가려고 할 때 세상은 어떻게 될지.

의미 있고 선한 영향력을 미치는 사람에 의해 사회는 조금씩 좋은 쪽으로 변화한다. 그렇기에 청소년 시기부터 조금이라도 의미 있는 삶을 살겠다는 신념이 필요하다. 나를 통해 누군가가 희망을 얻었으면 좋겠다는 신념 말이다.

우리가 살아가면서 인생의 중심을 잡을 수 있는 것은 신념 때문이다. 신념에 따라 삶이 달라진다. 신념은 '어떤 사상이나 생각을 굳게 믿으며 그것을 실현하려는 의지'를 말한다. 자신이 살아가면서 중요하다고 여기는 가치이자 확고한 의지이다. 그래서 신념은 '마력을 지녔다'라고 할 수도 있다. 클로드 브리스톨의 책《신념의 마력》에 그 설명이 잘돼 있다.

"당신의 배가 암초에 부딪혀 물결 속으로 휩쓸려 들어갔다고 하자. 그때 이제 끝났다고 생각하면 당신은 그것으로 정말 끝이다. 그러나 어떻게든 이 난관을 뚫고 나갈 수 있다는 용기를 지니면 당신은 살 수 있다. 그것은 곧 신념으로 바뀌고 그 신념과 함께 어디선가 당신을 구하는 힘이 오게 된다."

살 수 있다는 확고한 신념이 있으면 생명을 구할 수 있다는 뜻이다. 도저히 불가능한 상황에서도 확고한 신념은 상황을 변화시킨다. 사람은 자신의 신념대로 생각하고 행동하기 때문이다.

남의 힘을 바라지 말고 당신의 신념을 믿어라.
굳은 신념이 당신의 새로운 성공을 보장해줄 것이다.
– 노먼 빈센트 필(Norman Vincent Peale), 미국의 설교가

부부의 신념으로 황량한 사막을 숲으로 일군 기적도 있다. 사막의 철의 여인으로 불리는 인위쩐과 그의 남편 바이완샹이 주인공이다. 부부는 중국의 사막 마오우쑤 한가운데 4,630헥타르를 오아시스로 만들었다. 비록 사막이지만 꽃과 나무를 심다 보면 언젠가는 숲이 될 수 있다는 생각으로 풀씨를 뿌리고 나무를 심은 것이다. 하지만 그 과정은 순탄하지 않았다. 애써 가꾼 나무가 모래바람에 쓸려가 버렸기 때문이다.

그렇게 심고 가꾼 나무가 죽으면 다시 심는 과정이 무려 7년이나 계속되었다. 풀씨가 싹을 틔울 확률은 1만분의 1 정도에 불과했다. 그래도 그녀는 지문이 닳도록 사막을 다니며 풀씨를 뿌리고 나무를 심었다. 그 결과 저절로 씨앗이 퍼져 꽃과 나무가 자라기 시작했다. 전기와 물이 들어오고 길도 생겼다. 누구든 들어와 살 수 있는 풍족한 마을이 된 것이다. 부부가 20년간 일군 숲의 면적은 여의도의 약 10배에 이른다. 그들 이야기는 《사막에 숲이 있다》는 책으로 소개되었다. 부부의 할 수 있다는 신념과 포기하지 않는 마음이 사막을 오아시스로 만든 것이다.

미국 보스턴에는 존 하버드가 1636년에 세운 하버드 대학교가 있다. 이 대학은 존 하버드의 신념으로 세워졌다. 그는 목회자를 양성하기 위해 당시 자신의 돈 700파운드와 책 300권을 전부 털어 학교를 세웠다. 그는 대학 정문에 '학문을 발전시켜 이것을 대대손손 영원히 전해주며, 장차 교회가 학문을 배우지 못한 목회자에게 맡겨

지는 일이 없도록 해야 한다'고 설립목적을 새겼다. 그의 신념에 따라 사람들은 그곳에서 꿈과 이상을 품으며 공부했다. 그 결과 하버드 대학교는 세계 최고의 대학으로 거듭났다. 한 사람의 신념으로 세운 학교가 세계적인 리더를 양성하고 인류에게 영향을 미치게 되었다.

여러분도 조금이라도 의미 있는 삶을 살겠다는 신념을 품어야 한다. 그 신념이 여러분의 삶을 더 좋은 쪽으로 이끌어줄 것이다. 인생을 살아가면서 느끼는 참맛도 알게 해줄 것이다.

의미 있는 인생을 사는 사람이 돼라

최고의 도덕이란 남을 위한 봉사와 인류를 위한 사랑으로
일하는 것이다.
보상을 바라지 않는 봉사는 남을 행복하게 할 뿐만 아니라,
우리 자신도 행복하게 한다. 이것이 인간과 짐승의
다른 점이다.

― 마하트마 간디(Mahatma Gandhi), 인도의 민족독립운동 지도자

청소년이라면 꿈을 품고, 꿈을 이루고, 꿈을 나누고 사는 사람이
되겠다는 의지를 품어야 한다. 나 혼자 살기에도 바쁘다고 할지 모
르겠다. 하지만 처음에 진로를 설계하고 디자인할 때부터 누군가에
게 의미 있는 삶을 살겠다는 소망이 있어야 한다. 그런 꿈을 품고 있
는 사람이 영향력 있는 삶을 살 수 있다.

누군가에게 의미 있는 사람이 된다는 것은 영향력 있는 사람이 된다는 의미다. 작은 돌을 호수에 던지면 파문이 일어 멀리 퍼져나가는 것처럼 자신의 말과 행동으로 누군가의 삶에 파장을 일으키는 것이다.

누군가에게 의미 있는 사람이 되려면 나눔을 실천해야 한다. 나눔은 재능과 물질이 많아야 실천할 수 있는 것이 아니다. 자신이 할 수 있는 아주 작은 것이라도 나누면 된다. 세상을 변화시키고 누군가에게 의미 있는 사람이 되는 것은 뭔가 거창한 것이 아니라 아주 작은 것에서 시작된다. 평생 나눔을 실천한 마더 테레사의 말을 들어보자.

"사랑은 고결하고 아름다운 것이 아니라 허리를 숙이고 상처와 눈물을 닦아주는 것입니다. 또한 사람들이 진정으로 필요로 하는 것은 사랑의 마음입니다."

사랑의 마음은 거창한 것이 아니라 도움이 필요한 사람에게 눈높이를 맞추는 행동이다. 그들의 말에 귀 기울여주고 손잡아주는 것이 사랑이고 나눔이라고 말한다.

역사상 가장 부자는 미국의 석유 재벌 록펠러이다. 그는 석유회사를 설립한 후 무자비한 기업 인수와 문어발식 회사 확장으로 엄청난 돈을 벌었다. 돈을 벌기 위해서라면 수단과 방법을 가리지 않을 정도였다. '이 시대 최고의 범죄자'라는 말을 들을 정도로 그는 악착같이 돈 벌기에만 열중했다.

그런데 그의 나이 55세에 뜻하지 않게 병에 걸렸다. 그로써 1년밖에 살지 못한다는 진단을 받는다. 휠체어에 몸을 맡기고 진료를 받기 위해 병원으로 들어선 그는 병원 로비에 걸려 있는 작은 액자 하나를 발견한다. 액자 안에는 이런 글귀가 적혀 있었다.

'주는 자가 받는 자보다 복을 많이 받는다.'

그 글을 보는 순간 록펠러 몸에는 전율이 일어났다. 돈을 벌겠다는 욕심으로만 살았지 한 번도 남을 도와줘야겠다는 생각을 해본 적이 없었기 때문이다. 바로 그때 병원 로비에서 한바탕 소란이 일어나고 있었다. 어느 아주머니가 자기 딸이 치료받도록 도와달라고 애원하는 소리였다. 록펠러는 비서를 시켜서 사정을 알아보았다. 그 아주머니는 치료비를 낼 수 없을 정도로 가난했는데, 병원에서는 돈이 없는 사람은 치료해줄 수 없다고 하여 실랑이가 벌어진 것이다. 록펠러는 자신이 조금 전에 읽은 글귀가 떠올라 비서를 통해 병원비를 몰래 내주었다. 그리고 훗날 소녀의 병이 완치된 것을 알았다. 그는 그때 기분을 이렇게 고백했다.

"나는 여태까지 살면서 이렇게 행복한 삶이 있는 줄 몰랐다." 그 후 록펠러의 삶은 이전과 전혀 다르게 펼쳐졌다. 록펠러재단을 세우고 기부와 자선사업에 온 힘을 집중했다. 1년밖에 살지 못한다는 병도 깨끗이 완쾌되었고 98세까지 건강하게 살았다. 록펠러는 인생 말년에 자기 삶을 되돌아보며 "내 인생 전반기 55년은 쫓아가며 살았지만, 후반기 43년은 행복하게 살았다"라고 이야기했다. 나눔이 그를 탐욕적인 삶에서 해방되도록 도운 것이다.

이 세상을 움직이는 힘은 희망이다. 수확을 할 희망이 없다면 농부는 씨를 뿌리지 않는다. 이익을 얻을 희망이 없다면 상인은 장사를 하지 않는다. 좋은 희망을 품는 것은 바로 그것을 이룰 수 있는 지름길이 된다.

– 마르틴 루터(Martin Luther), 독일의 종교 개혁가

진정한 행복은 받는 것이 아니라 주는 데 있다. 세계적인 대문호 헤르만 헤세도 주는 것이 행복하다며 이렇게 말했다.

"주는 것이 받는 것보다 행복하고, 사랑하는 것은 사랑받는 것보다 아름다우며 사람을 행복하게 한다."

여러분의 재능과 마음, 행복과 사랑을 나누려는 마음을 품어야 한다. 척박한 마음에 사랑의 단비가 내리도록 하는 것은 나눔의 정신이다. 삶의 의미를 모르는 이에게 나눔은 이 세상이 아직은 따뜻하다는 것을 알게 해준다.

우리가 꿈을 품고, 최선을 다하며, 청소년 시기에 꼭 배워야 할 것을 준비하는 근본적 이유는 누군가의 삶에 의미가 되고 함께 사랑을 나누며 살려는 것임을 잊지 말길 바란다. 우리는 그 목적을 이루려고 오늘도 힘차게 정진하는 것이다. 그것이 곧 행복한 삶이다.

컴퓨터와 게임이 좋아요

**컴퓨터 보안 전문가, 컴퓨터 게임 개발자,
시스템 관리자, 웹 마스터**

컴퓨터 보안 전문가

컴퓨터에 저장된 정보를 지키고자 필요한 예방책을 세우고 보안을 유지하기 위해 외부의 접근을 막는 일을 한다.

컴퓨터 보안 전문가가 되는 길 ▶ 해당 분야에 대한 전문지식, 끈기와 인내심이 필요하다. 대학에서 정보보호학, 컴퓨터공학, 통계학을 공부하면 좋다. 관련 자격증은 정보보호 전문가, 국제 전문가 자격증 CISA, CISSP 등이 있다.

컴퓨터 게임 개발자

게임 기획자, 시나리오 작가, 프로그래머들과 함께 새로운 게임을 개발하고 만드는 일을 한다.

컴퓨터 게임 개발자가 되는 길 ▶ 게임에 대한 전반적 지식, 새로운 게임 소재를 발굴하는 기획력과 창의력이 요구된다. 특별한 학력이나 자격은 필요 없지만 컴퓨터 관련 공부와 소재를 발굴하는 기획력을 배워두면 좋다. 보통 게임회사에 들어가 경력을 쌓은 후 관련 일을 하는 경우가 많다.

시스템 관리자

기업이나 은행 등에서 컴퓨터시스템을 안전하게 보호하고 관리하는 일을 한다.

시스템 관리자가 되는 길 ▶ 시스템 장애 요인을 파악하는 분석력과 침착한 대응력이 요구된다. 대학에서 전산학, 컴퓨터공학, 전자공학을 배우면 도움이 된다. 관련 자격증은 정보처리기사, 시스템관리 전문가, 정보관리 기술사, 전자계산조직응용 기술사 등이 있다.

웹 마스터

고객이 원하는 목적에 따라 웹 사이트를 기획하고 만들어 관리하고 점검하는 일을 한다.

웹 마스터가 되는 길 ▶ 웹 마스터가 되려면 기획력, 마케팅 능력과 외국어 능력이 중요하다. 컴퓨터를 능숙하게 다룰 수 있어야 하며 인터넷에 대한 풍부한 지식도 요구된다. 대학에서 컴퓨터공학, 전산학 등을 배우면 도움이 된다.

미래유망 신직업 30종

2022년 1월 기획재정부와 한국고용정보원은 〈미래 유망 신직업 발굴 및 국내 활성화 방안 연구〉에서 미래유망 신직업 30종을 발굴해 발표했다. 미래에 주목받을 직업의 변화와 추이를 살펴 여러분만의 진로를 디자인하는 데 참고하기 바란다.

순번	신직업명	분야	직무 개요
1	온라인 튜터	보육/교육	이메일, 웹, 소셜 미디어 등을 활용하여 온라인상에서 학습자의 학습 지원
2	이러닝 테크니션	보육/교육	이러닝 환경에서 효과적인 교육 학습을 위한 활동을 촉진하고, 콘텐츠 및 시스템 운영
3	건강기능식품 상담사	의료/보건	개인 특성별로 섭취 가능한 건강식품 및 건강을 위해 일상생활에서 개선할 점 등을 제안하고 조언
4	모바일 헬스케어 코디네이터	의료/보건	만성질환 위험군(고혈압, 고혈당, 복부비만 등)을 대상으로 모바일 앱을 활용하여 생활 습관 개선, 건강관리 서비스 담당
5	유전 상담사	의료/보건	유전적 장애와 선천적 결함과 같은 다양한 선천적 조건에 대해 개인 또는 가족의 위험을 평가하고 대처 방법을 지원 상담
6	데이터 라벨러	첨단과학/기술	자율주행, 자연어인식 등의 프로그램을 개발하기 위해 인공지능이 학습데이터를 쉽게 인식하도록 정보 표시를 다는 작업 수행

7	데이터거래 전문가(데이터 중개사)	첨단과학/ 기술	데이터 거래 및 활용 활성화를 위해 데이터 플랫폼에서 거래되는 데이터의 가치, 품질 등을 평가하고 데이터 거래를 돕는 일 수행
8	인공지능윤리 검수사	첨단과학/ 기술	개발한 알고리즘 모델의 편향성을 방지하기 위해 관련된 결과물 감사
9	정보보호관리 체계 인증심사원	첨단과학/ 기술	ISMS, 클라우드 보안인증, SW개발 보완 검증 등 정보보호 관련 인증심사 및 관련 기술적 업무 수행
10	풀스택 개발자	첨단과학/ 기술	다양한 기술과 언어로 작업하여 사용자 경험과 기능을 모두 충족하는 애플리케이션 개발 전문가
11	기상감정사	안전/환경	기상현상에 따라 발생한 피해나 영향을 기상학적 관점에서 판단하고 감정
12	스마트안전 관리사	안전/환경	건설현장과 산업현장에 ICT 기반의 스마트안전 시스템 구축·관리
13	에너지효율측정 및 검증 전문가	안전/환경	에너지 절약형 시설 설치 후 에너지 절약량을 측정하고 검증
14	공인이민사	사업서비스	국내에 체류하는 외국인에게 국내 체류, 취업, 영주, 국적 취득 등의 행정업무 대행
15	산업수학 모더레이터	사업서비스	산업현장에서 필요로 하는 문제를 수학적 지식과 방법으로 해결하기 위해 수학자와 기업 간의 연결자 역할 수행
16	중고자동차 진단평가사	사업서비스	중고자동차에 대한 기술적 진단(사정)과 가치 평가를 해주는 업무 담당
17	집합건물 관리사	사업서비스	공동주택에 적용되지 않는 집합건물의 유지·관리. 관리단 운영을 위한 실무적 서비스 제공
18	콘텐츠가치 평가사	사업서비스	영상, 만화, 애니메이션 등의 가치 평가 및 개선 업무 수행

19	특허전담관	사업서비스	특허책임자로 R&D 사업단 전체의 IP 전략 수립, IP 창출, 관리, 활용 등 IP 활동 전반 총괄
20	NFT아트 에이전트	인터넷미디어/ 문화예술	NFT아트에 대한 기획, 에이전시, 실제 작품에 대한 디지털화 관리, 홍보, 컬렉터와 작가 간 중개 등 업무
21	경관 디자이너	인터넷미디어/ 문화예술	공공시설물에 대하여 공공성과 심미성 향상을 위한 디자인 업무 수행
22	메타버스 크리에이터	인터넷미디어/ 문화예술	메타버스상에서 활동하는 캐릭터의 의상을 디자인하는 일 수행
23	문화재교육사	인터넷미디어/ 문화예술	문화재 교육에 관한 기획·개발, 진행, 분석, 평가, 교수 등의 업무 수행
24	미술품시가 감정사	인터넷미디어/ 문화예술	미술품의 진위를 감정하고 경제적 가치를 파악하는 업무 수행
25	스포츠심리 상담사	개인서비스	선수들의 목표 설정, 자기관리, 자신감 회복 등의 문제를 극복하고 운동에 집중하여 경기력을 향상하도록 상담하고 조언
26	농업드론 방제사	농업/해양	농촌에서 무인동력비행장치(드론)를 원격 또는 자동 비행하여 직파나 파종, 예찰, 농약 살포, 방제 등의 작업 수행
27	농작업 안전관리관	농업/해양	농업인 안전사고 예방 관리를 지원하는 업무
28	농촌교육농장 운영자	농업/해양	농촌에서 발굴한 소재로 학교 체험활동 교육과정과 연계 가능한 교육 프로그램 기획, 운영, 평가 업무 수행
29	농촌마을 마케터	농업/해양	농가에서 생산한 농산물 판매 마케팅 업무 수행
30	수직농장 전문가	농업/해양	인구 밀집 지역에서 수직농장의 설립·운영에 대한 업무 수행

진짜 원하는 인생을 사는
43가지 방법

지은이　임재성
발행처　도서출판 평단
발행인　최석두

등록번호 | 제2015-000132호
등록연월일 | 1988년 7월 6일
초판 1쇄 인쇄 | 2023년 02월 17일
초판 1쇄 발행 | 2023년 02월 28일

우편번호 | 10594
주소 | 경기도 고양시 덕양구 통일로 140(동산동 376) 삼송테크노밸리 A동 351호
전화번호 | (02)325-8144(代) 팩스번호 | (02)325-8143
이메일 | pyongdan@daum.net

ISBN　978-89-7343-550-0 (03320)

2021년 1월 9일

뜯어진 한라봉 비닐하우스 틈 사이로 눈이 들이쳤다. 잠자다 일어나 무겁게 눈덩이를 짊어진 한라봉 나무들을 털어주었다. 장작을 가져다가 불을 피우며 새벽을 보냈다.

2021년 1월 10일

드디어 결항으로 멈추었던 택배 업무가 시작되었다. 눈은 여전히 계속 내린다. 영상 1도로 올라가서 다행히도 얕은 눈은 녹기 시작했다. 무릎까지 눈이 쌓인 곳들은 완전히 녹으려면 며칠이 걸릴 듯하다.

무엇이든 적당한 것이 좋은 법이다. 아이들도 셋째 날부터는 춥다며 밖에 나가지도 않았다. 눈이 가득 덮인 그 신기한 세상이 사흘 만에 익숙한 풍경이 되어버린 것이다. 거기다 조금 더 맛이 들면 따겠다고 미뤄두었던 노지 귤을 생각하니 속상함이 더해진다. 곱이곱이 넘겼던 한 해 농사가 막바지에 이르러 하루 만에 망하기도 한다는 것이 허망하다. 자연 앞에서는 한없이 작아질 수밖에 없는 사람이다.

제주에서는 폴폴 내리는 눈을 보기 힘들다. 하늘에서 차분하게 천천히 일직선으로 떨어지지 않는다. 옆에서, 앞에서 바람 따라 뒤죽박죽 얼굴을 마구 때리며 그렇게 휘몰아친다고 할까? 따뜻한 남쪽 나라라 서울처럼 손과 귀가 아린 차가움은 없다. 그러나 바람이 거세고 눈이 오는 날은 다르다. 고요하고 따뜻하게 내리는 함박눈과 달리 어정쩡하게 녹았다가 우박처럼 꽁꽁 언 채로 내리는 눈을 마주하면 제주의 겨울도 만만치 않음을 실감한다. 눈보라가 동반된 혹독한 겨울바람을 처음 겪는 이웃은 '블리자드'가 이런 건가 느꼈다고 말했다.

눈이 쌓이고 셋째 날의 이야기다. 이런 날 숲을 찾는 사람도 참 대단하다. 눈이 제법 많이 쌓여 길가에 오고 가는 차량도 없다. 지난 연말부터 5인 이상 집합 금지가 내려져서 구구절절 설명이 적힌 안내지와 귤을 선물하며 숲 해설을 대체하고 있는 참이다. 숲 해설도 진행되지 않고 코로나도 제법 심각한 상황이라 이달은 손님 자

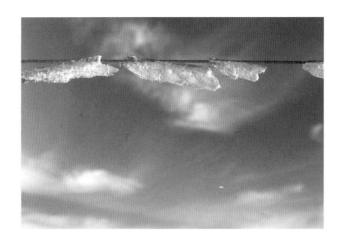

체가 뜸한데 눈까지 사정없이 내리니 오늘 같은 날 사람이 온다는 것 자체가 상상되지 않던 차였다.

어기적어기적 차량 한 대가 느릿하게 들어왔다. 젊은 청년 한 명이 카메라를 들고 내렸다. 눈보라가 세차고 숲 해설도 없으니 다음에 오시길 추천해 드렸다. 하지만 그 청년은 눈 오는 풍경이 궁금하여 일부러 찾아왔단다. 다행히 이전에 방문한 적이 있어서 눈 속에서도 길을 찾을 수 있을 것 같단다.

'지금 같은 눈보라에는 숲도 컴컴하고 안 예쁠 텐데 이 추위에 사서 고생하려고 오셨구나.'

마음속으로 이런 생각을 하며 걱정스러운 눈빛을 보냈다.

그런데도 그 청년은 아랑곳하지 않고 아무도 걷지 않은 눈길 속

으로 저벅저벅 홀로 들어갔다. 두 시간쯤 흐른 후에야 청년은 아주 맑은 표정으로 나왔다. 숲 풍경이 너무 아름다워 세 바퀴를 돌았단다. 그 말을 듣고 나도 숲 안으로 들어가보았다. 눈꽃이 만발한 숲도 아름답지만 하얀 눈길이 햇살에 반짝거려서 눈이 부셨다. 어느새 하늘도 파랗게 개어있었다.

날씨가 화창해진 틈에 두 번째 손님이 들어왔다.

스타킹에 단화를 신고 온 아가씨였다. 눈길에 발이 너무 추워보여 여분으로 가져다 놓았던 내 털부츠를 빌려드렸다. 야무지게 삼각대를 옆구리에 끼면서 사진 찍을 때는 패션을 포기할 수 없다며 신고 온 단화까지 담아 들고 들어갔다.

'잘 오셨답니다. 오늘은 사람들이 없어서 눈도 깨끗하고 숲 풍경도 너무 아름다워요. 사진이 무척 잘 나올 거예요.'

마음속으로 말하며 그 모습을 흐뭇하게 바라보았다.

그런데 그분이 들어가고 얼마 지나지 않아 먹구름이 몰려들고 다시 그 세찬 바람과 함께 딱딱한 눈이 쏟아지기 시작했다. 30분쯤 지나서 아가씨가 너덜너덜해진 상태로 숲에서 나왔다. 룰루랄라 들어가서는 겁먹은 표정으로 나왔다. 눈보라 헤치며 뚫고 나오느라 들고 간 단화는 신어보지도 못한 듯하다.

똑같은 날, 같은 장소를 방문했는데도 이렇게 다른 숲을 느끼고 가는 둘을 보니 기분이 묘했다. 당연히 매서워질 줄 알았던 길이 고요하고 아름다운 산책 코스가 되었고, 아름다울 줄만 알았던 길은 험난한 여정이 되었으니 말이다. 계절에 따라서, 날씨에 따라서, 방문한 시간대에 따라서도 숲의 모습은 시시각각 달라진다. 10년 동안 같은 장소를 매일 걷다 보니 이는 몸에 와 닿는 말이 되었다. 거기에 하나가 더 더해진 느낌이다. 10년 동안 같은 장소를 바라보아도 여전히 숲을 안다고 단정할 수는 없구나.

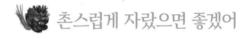 촌스럽게 자랐으면 좋겠어

나는 너희들이 촌스럽게 자랐으면 좋겠어.
골목골목 안 가본 길을 걷다 지각도 해보고
작은 벌레를 쳐다보다 해 지는 줄도 모르는
말똥을 밟아서 풀에 신발을 쓸어보기도 하고
잠자리채 몇 개 부러뜨리기도 하는
먼 훗날 어느 곳에 어떤 모습으로 있든
한여름 땡볕 아래 폴폴 마른 흙냄새와
비가 내린 후 진득한 풀냄새를 떠올릴 줄 아는
그런 아이들로 자랐으면 좋겠어.

어느새 나도 두 아이의 엄마가 되었다. 세련되게 옷을 입고 좋은 장소에서 자세를 취할 때보다 흙밭에서 신나게 뒹구는 내 아이들의 모습이 더욱 사랑스럽게 느껴지는 사람이다. 깔끔한 남편은 조금 힘겨워한다.

남편과 나의 다름을 가장 실감할 때는 교육관에서이다. 자라 온 환경이 너무 다르다. 본인들이 경험한 안에서 판단하다 보니 남편은 일찍부터 아이들에게 양질의 교육을 제공해주는 것이 부모의 역할이라 생각하고, 나는 아이 때는 무조건 자유롭게 놀아야 한다고 생각하는 것이다. 감사하게도 남편이 많이 내려놓고 양보해주고 있다.

우리 아이들이 촌스럽게 자랐으면 좋겠다. 나는 '촌스럽다' 라는 말이 투박하고 순수해서 좋다. 세련된 것을 끊임없이 쫓아야 하는, 그 피곤함을 던져버릴 수 있는 자유를 사람들은 잘 모른 채 비아 냥거린다. 촌스러우면 어떤가. 그런 놀림은 분명 '촌' 스러움을 누려 보지 못한 이들이 하는 말일 것이다.

나는 운이 좋게도 시골에서 자랐다. 지네를 잡아 학교 앞 문방구에서 과자로 바꿔먹기도 하고, 삼동(상동)을 따 먹으러 산속에 다니기도 했다. 도시에서 자란 친구들에게 얘기하면 부모님 시절 이야기인 줄 안다. 학교가 끝나면 책가방 던져놓고 개구리 잡으러 나가기도 하며 마을 구석구석을 헤집고 다니던 마지막 세대가 아닐까 싶다.

나는 다시 내가 나고 자란 시골에서 살고 있다. 하지만 지금은 시골 학교에서마저 이러한 풍경은 보기 힘들어졌다. 그나마 수업을

마친 후 운동장에서 뛰어노는 친구들은 도시에서보다 훨씬 많이 보여 위안이 된다.

제주도 해녀들 사이에서는 '저승 돈 따다가 이승 자식 공부시킨 다'라는 말이 있다. 물속에 들어가 숨이 가쁜 순간에도 더 큰 전복이 저 밑에 보이면 위험한 줄 알면서도 자식 생각에 더 깊이 들어간다는 말이다. 그만큼 생과 사 갈림길 사이에서도 자식 교육을 중요시하는 것이 우리나라 부모들의 마음이다. 우리 아이만큼은 성공했으면 좋겠다는 바람에 우리가 사는 '지금', '여기'는 심상치 않아졌다. 언젠가부터 시험에 나오지 않는다고 하면 불필요한 것이라고 간주해버리고, 좋은 대학과 좋은 직장만이 목표가 되어버렸다.

저청초, 보성초, 금악초 등 근처 여러 초등학교 아이들을 대상으로 수업할 기회가 제법 있었다. 숲 인근에 살기에 많이 알 것이라 생각했는데, 숲의 나무뿐 아니라 부모님들이 직접 농사짓는 마늘과 깨, 파, 브로콜리 등도 땅 위에 심어져 있으면 알아보지 못한다. 나는 하얀색 무꽃과 샛노란 브로콜리 꽃다발을 보고 무슨 식물인지 묻는 아이들에게 놀랐고, 아이들은 우리가 먹는 브로콜리가 사실은 꽃봉오리라는 사실에 놀랐다. 시골에 사는 아이들조차 자신의 집에서 키우는 농작물이 어느 시기에 열매를 맺는지, 들판에 핀 아름다운 꽃이 어떠한 향기를 품고 있는지 모르는 경우가 많은 것이다. 이건 아이들이 동네 구석구석을 뽈뽈 다니지 않는다는 뜻이기도 하다.

제주 시내 중학교 아이들이 환상숲으로 소풍을 왔을 때의 일이다. 제주 자연과 관련한 O, X 퀴즈 문제들을 냈다. 90여 명의 아이들이 문제를 낼 때마다 일제히 한 여자아이를 주목하고 있었다. 그 아이의 답이 정답이 아닐 때조차 곁눈질로 그 아이를 따라 답하는 모습이 보였다. 자세히 보니 낯이 익은 얼굴이었다. 보성초에서 내가 가르쳤던 아이가 청소년이 되어 시내 학교에 재학 중이었다. 그리고 또래 친구들이 인정할 만큼 자연에 대해 잘 아는 아이가 되어있었다. 그 여자아이는 숲에서 나는 새 소리를 듣고 무슨 새인지까지도 알아맞힌다. 나보다 더 잘 아는 것 같다. 한 달에 한

번 남짓 몇 차례 되지 않는 수업을 했지만, 그 짧은 시간을 계기로 주변과 자연에 관심을 갖게 되었다는 그 아이의 인사를 듣자 코끝이 찡해졌다. 그 아이가 자연에 대해 잘 알게 되어서 기쁜 게 아니었다. 전혀 관심 없던 아이가 어느 순간 한 대상에 관심을 기울이게 되었고, 그것을 뿌듯하게 여긴다는 점이 너무 사랑스럽게 보였다. 내가 환상숲에서 일하며 가장 보람을 느꼈던 때를 꼽으라면 그 순간이라고 주저 없이 말할 것 같다.

유치원, 초등학교 시기에 형성된 인식과 태도는 생애를 통해 지속해서 영향을 미치게 된다. 어릴 때 가졌던 자연에 대한 긍정적인식과 탐구학습들이 미래에 자연을 아끼고 보전하는 사람, 사회의 많은 구성원을 배려하고 함께 나아가는 사람을 만들 수 있다. 회색빛 빌딩 사이에서 자라더라도 푸른 하늘과 초록 식물들을 만날 기회를 아이들에게 준다면 조금 더 예쁜 생각을 하고 자랄 수 있지 않을까?

물론 내 이런 생각이 엄마로서는 흔들릴 때가 많다. 오빠네 가족이 제주에 방문할 때면 내가 나의 아이들을 바보로 만들고 있지는 않은가 싶어질 때도 많다. 우리 두 아이와 오빠네 두 아이는 공교롭게도 나이까지 똑같다. 영어유치원을 다니고 매일 진득하게 앉아 문제도 푸는 조카들은 영어도 술술 하고 어려운 수학 문제도 척척 풀며 즐거워한다. 그 옆에서 주눅 든 내 아이를 보면 여러 생각이 교차할 수밖에 없다. 시대가 달라져서 이 정도는 기본이라고 세상은 말하는데 혼자 고집부리는 것은 아닌지, 이러한 아이들 틈에서 단단한 자존감을 어떻게 키워줘야 하는지 매일 고민이 된다.

강남 8학군 출신의 남편은 친구들이 모두 교수, 변호사, 의사, 대기업 회사원이다. 하지만 내 친구들은 참 다양하다. 어린이집 선생님에서부터 엔지니어, 해장국집 사장, 농부, PD, 벤처기업가, 전업주부 등 직업만 나열해도 같은 분야도 없고 접점도 없다. 수입이 보장된 일은 쉽게 행복한 삶을 누릴 수 있어 보인다. 정확히 말하면 행복해 보이는 삶을 누릴 수 있다. 하지만 누구도 그 삶을 살아보지 않고서는 그 속까지 알 수 없다.

남편은 주변에 대학을 가지 않은 친구가 없다. 좋은 대학을 가야만 했고, 자신이 좋아하고 잘하는 것이 무엇인가 고민해볼 여유 없이 유망하고 합격 선이 높은 전공을 택해야 했다. 그게 당연한 선택지인 삶을 살았다는데, 늘 범죄자들과 대면하며 엄청난 업무로 밤을 지새우고 있을 때마다 난 도대체 뭐 하러 그렇게 공부를 열심히 했나 싶다는 검사 친구의 하소연이 생각난다.

내 친구 중 한 명은 고등학교만 나와서 미용사로 일하더니 어느 날 가위 하나만 들고 세계 여행을 떠났다. 호주에서 워킹홀리데이도 하고, 인도 길거리에서 지나가는 이들의 머리를 잘라주며 여행을 하기도 했다. 십여 년 전, 너는 그래도 대학 나오지 않았냐며 본인 이름의 영어 철자를 확인해달라던 그 친구는 지금 캐나다에서 예약이 줄을 선 실력 있는 미용사로 살아간다. 물론 영어도 유창하다. 손재주가 뛰어났던 그 친구는 어릴 적부터 친구들의 머리를 잘 매만져줬다. 그녀는 자신의 적성에 맞는 일을 하며 즐겁고 주체적으로 살고 있다. 여러 나라에서 직업을 가지고 다채로운 삶을 경험해보기도 한다.

삶에는, 행복에는 정답이 없다. 남이 아무리 행복하겠다며 부러워해도, 본인이 행복하지 않으면 그건 절대 행복하지 않은 것이다.

그런 의미에서 우리 남편은 나와 함께 자연에서 일하면서도 나만큼 행복해하지는 않는다. 여전히 정말 자신이 무엇을 잘하고 어떠한 것을 좋아하는지 찾지 못해 방황 중이다. 그를 대신해서 해줄 수 있는 게 없어 속상하다. 본인이 스스로 해나가야 할 부분이다. 삶은 스무 살에 끝나지 않는다. 마흔에 사춘기가 올 수도 있다. 여든에 내가 원하는 일을 발견할 수도 있다. 심심해봐야 내가 좋아하는 것도 찾을 수 있다. 어릴 적 충분히 놀았던 아이들이 자신이 무엇을 좋아하는지 민감하게 알아채는 것 같다.

우리 부모 세대에서는 '자수성가'가 가능했다. 모두가 노력하면 각자만의 성공신화를 이룰 수 있었지만, 지금은 다르다. 열심히 공부하고 많은 스펙을 쌓아도 취업조차 어렵다. 결국, 결혼도 아이도 포기해야 하는 세대인 것이다. 우리 아이들은 빠르고 편리하지만

분명 더욱 힘든 시대를 살아갈 것이다. 더욱 악조건의 기후 속에서 환경오염과 새로운 질병, 빈부격차와 인구감소까지 짊어져야 할 것들이 더욱 많은 세대이다. 부모로서 그럴듯한 친구들과 어울리게 하고 잘 닦여진 환경에서 좋은 길을 쉽게 선택할 수 있도록 도와주는 건 당연히 해주고 싶다.

그런데 불행에 마주했을 때를 논한다면 좀 다르지 않을까? 살면서 실패를 경험하지 않을 수 없다. 평생의 인간관계와 삶의 무수한 변수들을 부모가 제어해주지는 못할 것이다. 추락했을 때 이겨내는 힘은 돈으로 만들어줄 수 없는 것이다. 천천히 느리게 시작해도 삶은 살아봐야 아는 거라고. 어떠한 환경에서든 유년 시절의 아름다운 기억이 위로가 되어주고 좋은 추억이 되어줄 것이라고는 확신한다. 나는 잘난 사람을 만드는 법은 모른다. 그런데 좋은 사람을 만드는 법은 조금 알 것 같다.

겨울의숲
이야기
Gap

- 소심하면서도 화려한 이 친구를 두려워하지 말 것, 소엽맥문동
- 어여쁜 먼나무 열매를 보면 슬픈 감정이 함께 올라온다
- 동서양에서 고루 사랑받는 호랑가시나무
- 송악, 살고자 하는 억척스러움이 숲의 푸르름을 만든다

소심하면서도 화려한 이 친구를
두려워하지 말 것, **소엽맥문동**

우리는 종종 가까운 사람끼리 무리를 지어 왁자지껄하게 떠들고 노는 것에서 즐거움을 찾는다. 그러나 그런 상황에서도 때론 깊은 침묵과 고독이 있는 호젓한 곳을 원하기도 한다. 겨울 숲을 걷다 보면 발견하게 되는 이 녀석에게서 나는 마치 그런 느낌을 받는다.

맥문동은 겨울에 시들해지는 다른 풀과는 달리 푸른 잎을 쌩쌩하게 간직하는 식물이다. 맥문동은 흑진주처럼 검은색 열매를 달고 있고, 소엽맥문동은 파란색(남보라색)의 열매를 맺는다. 아무것도 없을 것 같은 한적한 숲속 길에서 푸르게 뻗어 있는 풀섶을 손가락으로 걷어내면 자연의 색 같지 않은 화려함이 올망졸망 달려있다. 꼭꼭 숨어 있지만

조금만 자세히 찾아보면 나 좀 봐달라는 듯 눈에 훅 들어오는 새파란 모습이 마치 파티장 구석에 숨어 있는 화려한 손님 같다.

이 열매를 처음 발견한 손님들은 푸른색 때문에 꼭 독이 있는 것처럼 보인단다. 하지만 열매 맛도 제법 달짝지근하고 그 안에 투명한 씨앗도 매력 있으며, 약재로도 널리 쓰인다. 소심하면서도 화려한 이 친구를 너무 두려워하지 말 것

어여쁜 **먼나무** 열매를 보면
슬픈 감정이 함께 올라온다

서귀포를 지날 때마다 길가의 빨간 열매를 달고 있는 가로수 '먼나무'를 볼 수 있다. 보통 겨울에 푸르른 잎이 떨어지면 나무는 허전해 보이는데, 먼나무만큼은 잎이 조금 떨어진 후 빨간 열매가 도드라질 때가 더욱 예쁘다.

숲 관련한 강의를 듣다가 우리가 보는 길가의 먼나무는 '트랜스젠더'라는 이야기를 들은 적이 있다. 세부적인 내용까지는 기억이 안 나지만 대략의 내용은 이렇다.

먼나무는 암나무와 수나무가 나뉘어 있는데 암나무에서만 사람들이 좋아하는 빨간 열매가 열린다. 하지만 어릴 때는 암수 구분이 힘들다. 조경업자들 입장에서는 애써 오랜 시간 키웠는데 자라고 보니 수나

무면 조경수로의 가치가 떨어진다. 그래서 어릴 적에 나무들을 잘라서 암나무 가지를 접목해서 키우는 경우가 많다고 한다. 암나무도 암나무로, 수나무도 암나무로 만드는 것이다.

이 이야기를 들은 후로는 어여쁜 먼나무 열매를 보면 슬픈 감정이 함께 올라온다. 사람들 보기 좋자고 우리는 새로운 식물들을 만들어내고 새로운 모습으로 다듬어버리는구나. 있는 그대로의 모습을 아름답게 바라볼 줄 아는 눈을 가져야지, 다짐해본다.

동서양에서 고루 사랑받는
호랑가시나무

내가 다녔던 초등학교 정문에는 책 읽는 소녀상이 있다. 밤마다 책장을 한 장씩 넘긴다는 학교 괴담이 있었다. 어릴 때는 두려움만큼이나 호기심도 컸다. 정말 한 장씩 넘어가는지를 왜 그렇게 눈으로 확인해보고 싶었는지 모른다. 키가 작았던 나는 바로 동상 위로 올라가지 못했다. 그 옆에 큰 나무를 힘들게 타고 올라가서야 볼 수 있었는데, 허망하게도 아무런 글자도 페이지도 적혀있지 않았다. 그때 뾰족한 나뭇잎에 긁히기도 했는데 자라서 보니 호랑가시나무였다.

크리스마스카드에 종종 등장하는 초록색 잎사귀와 빨강 열매가 있다. 바로 이 나무의 열매와 잎이다. 카드에 등장한다고 생각하면 뭔가 기품 있는 나무의 느낌인데, 어릴 적 학교 앞에서 긁힌 나무라고 생각하니 푸근하게 다가온다.

잎에 돋아난 가시 모양의 톱니가 호랑이 발톱처럼 매섭게 생겼다. 로마에서는 존경과 사랑의 의미를 담아 호랑가시나무를 선물한단다. 서양에서는 집 안에 이 나무를 심거나 걸어두면 재앙이 사라진다고 믿었다. 우리나라에서도 날카로운 가시로 잡귀를 물리치는 나무라 여겼다니 동서양에서 고루 사랑받는 나무 같다.

호랑가시나무의 꽃말은 '가정의 행복과 평화'이다. 새해 소망을 이야기할 때 항상 빠지지 않는 말이다. 모든 사람이 가장 보편적으로 바라는 소망이면서 가장 이루고 싶은 소원이 아닐까?

송악, 살고자 하는 억척스러움이 숲의 푸르름을 만든다

제주도 돌담을 초록으로 가득 덮고 있는 식물이 있다. 송악이다. 서양의 아이비는 잘 알면서 우리의 송악은 잘 모르는 사람들이 많다.

우리나라를 비롯하여 일본과 대만 등지에서 분포하는 송악은 아이비와 같이 두릅나뭇과의 상록성 덩굴식물이다. 별다른 관리 없이도 잘 자라고 겨우내 푸르기에 송악이 무성한 제주 겨울은 삭막하게 보이지 않는다. 돌담이나 나무마다 초록으로 덮고 있는 송악은 조금만 관심을 기울이면 금방 찾을 수 있다.

나도 어릴 적부터 이 식물을 많이 보아왔다. 식물에는 관심이 없었고 송악 열매만 기억이 난다. 굵기가 다른 대나무 가지를 잘라다가 '폭총'을 만들고 놀았다. 굵은 대나무의 빈 속에 얇은 대나무를 넣고는 그 안에 열매를 놓고 쏘아 올리면 마치 총처럼 앞으로 뻗어나간다. 그때 비비탄처럼 쓰이던 것이 이 열매다. 팽나무(제주어: 폭낭) 열매로 쏘는 총이라 '폭총'이라고 하지만 내 기억에 우리는 늘 송악 열매만 사용했다. 작은 팽나무 열매에 비해 크고 단단하여 제법 타격감 있는 탄알 같았고, 열매를 집어넣고 쏘면 소리가 '퍽, 퍽' 나는 것이 그 작은 아이들을 신명 나게 했기 때문일 것이다. 그래서 송악의 열매 이름이 '폭'인 줄 알고 자랐다. 그 식물이 송악이라는 걸 숲해설가 일을 하면서야 알게 되었다.

송악은 뿌리가 뻗는 덩굴 형태일 때의 잎 모양과 나무처럼 목질이된 후의 잎 모양이 다르다. 뫼 산 모양으로 갈라진 잎이 익숙하다면 '시에 따이(도시 아이)'고 둥그런 잎이 익숙하다면 '초네 따이(촌 아이)'라고 우스갯소리를 하곤 한다. 카페에서 키우는 아이비 형태가 익숙한 도시 사람과 제주 돌담을 덮은 송악 덩굴, 폭총의 추억이 있는 시골 사람이 기억하는 송악의 모습이 다르기 때문이다.

사람도 그렇겠지만 식물은 더욱 자신이 사는 환경에 따라서 모습이 달라진다. 같은 식물이라도 흙의 토양 성분이 다른 곳에 심기면 꽃의 색이 바뀌기도 하고, 햇빛과 습도의 차이 혹은 적이 누군지에 따라서도 잎 모양과 줄기가 완전히 달라지기도 하는 것을 쉽게 볼 수 있다. 환상 숲 안의 송악 덩굴은 원숭이 꼬리처럼 잔뿌리가 털처럼 보이는 줄기도

있다. 태풍에 떨어진 줄기가 공중에 있는 습도라도 얻으려고 뻗어나가는 모양새다. 어떤 이들은 흉측하다고 표현한다. 하지만 식물들이 왜 그렇게 변할까 이유를 찾아보면 대부분 '살기 위해서'인 경우가 많다. 살아보고자 하는 억척스러운 생명력이 숲의 푸르름을 만들어 나간다. 그래서 나는 송악을 설명할 때 꼭 이 말을 덧붙인다.

"변하는 것에 슬퍼하지 마세요. 당신은 여전히 아름답습니다."

사실 이 글귀는 '토닥토닥 마음산책'을 기획할 때 만들었던 구절이다. 쓸모없는 돌땅을 빚을 내서 구입할 때도, 빚에 허덕이며 새벽 배추 장사를 나가고 낮에는 주산학원을 꾸렸던 때도, 아팠던 아빠가 숲에 들어가 사투를 벌일 때도, 생계에 내몰려 대학생 아이들을 뒷바라지해야 할 때도, 묵묵하고 억척스럽게 쉬지 않고 일하며 생활을 꾸려왔던, 그러한 시간 속에서 머리가 하얘진 나의 엄마를 위한 글귀이기도 하다.

한 자리에 머무르지 않도록

나는 게으른 사람이다. 기한이 다가오지 않으면 선뜻 무언가를 하지 않는다. 일의 우선순위를 잘 못 정하기 때문인가 보다. 좋아하는 일과 해야 하는 일을 명확히 구분하고 적정한 수준으로 꾸준하게 해나가는 이들이 참 대단하다는 생각이 든다. 뭔가 머릿속으로만 상상하다, 생각하다, 계획하다, 그리다, 지웠다를 반복하다가 중간에 잠시 잊고 있다가 그러다 막바지가 되어서야 후다닥 해치운다. 말 그대로 일을 쳐내야만 일한 것 같은 느낌이 들기도 한다.

나에게 글도 그렇다. 떠오르는 대로 적는 게 나는 왜 이리 힘이 들까? 나에게 글을 권유하는 이들은 내가 써주었으면 하는 내용이 있을 텐데 그게 무엇인지 알 것 같으면서도 모르겠다.

내가 말하려던 게 그게 맞나? 내 글이 다른 이들에게 도움이 될 게 별로 없을 것 같은데. 살면서 뭔가 남겨보고 싶은 생각은 있는데 정작 남기려 하면 부끄러워질 것만 같다. 싸이월드에 잔뜩 남겨졌던 일기장이 복원되었을 때 사람들이 추억에 잠기면서도 부끄러워 차마 공개는 못 하는 그런 류가 될 것 같아서다.

나는 어릴 적 일기도 선생님에게 보여주기 좋은 그럴듯한 말로 쓰려 했단다. 나는 기억이 나지 않는데 엄마는 종종 말한다. 일기장을 몰래 훔쳐볼 때가 있었는데, 왜 이 아이는 없는 일을 지어서 쓰는지 걱정했단다.

난 적당히 착실한 아이였다. 크게 누군가에게 화를 내본 적도 없고 딱히 무언가를 거스를 생각도 하지 않는 그런 아이 말이다. 그런데 일상에 거짓말을 더하던 아이였단다. 근데 그게 거짓말이라고 하기엔 좀 애매하다. 요즘 SNS에 사람들이 그럴듯하게 글을 올리듯이, 그러니까 지금 현재의 모습은 맞는데 좋아 보이게 포장해서 게시글을 올리는 그런 일기 말이다.

무슨 말을 하다 여기까지 왔나? 쓰다 보면 생각이 정리된다는데 난 쓰다 보니 더 정리가 안 된다.

숲 해설을 듣는 이들 중에 출판사 관계자들이 제법 있었다. 부끄럽게도 예전부터 책 출간 제의를 많이 받았다. 그분들은 나의 해설이 흥미로웠을까? 나의 삶이 흥미로웠을까? 어떤 분은 출판사 책들을 택배로 우르르 발송해주기도 하셨다. 마음에 들었던 일인 출판사도 있었다. 그런데 그때마다 내 게으름 때문에 해볼까 하다 말아버리곤 했다. 계약서를 주신 분들도 계셨지만 글 쓸 자신이 없어

무례하게도 답을 주지 못한 경우도 있었고, 대학원에 결혼, 출산 등 정말 정신이 없어서 거절하기도 했다.

코로나 덕분에 조금 짬이 난다 싶을 때 마침 또 출간 제의가 들어왔다. 미루고 도망치면 아무것도 못 한다 싶은 마음에 덜컥 계약까지 했다. 그런데 갑자기 거리두기 제한이 풀리며 정말 바쁜 나날로 손도 못 대보고 있었는데 시간은 또 이렇게 훌쩍 흘렀다. 어떻게 풀어나가야 할지 도통 갈피도 못 잡겠다 싶어지니 더럭 겁이 난다. 괜히 쓴다고 했나.

나이가 들어 제법 숲에 잔뼈가 굵어졌을 때 책을 쓰고 싶었다. 멋진 할머니가 되어서 대작을 내고 싶었다. 그런데 예전 글들을 들춰보니, 그 나이에만 할 수 있는 생각과 이야기가 담겨있었다. 시간이 흐르면 전혀 다른 생각을 하게 되기도 하는 거였다. 졸작이라도 지금 숲에서의 생활을 남기고 싶다는 마음이 들었다.

나의 삶이 최근에 너무 평탄했던 걸까. 걱정거리가 점차 사라지니 안온해졌고, 평안한 시간이 지속되니 안일해졌다. 사람은 참 약하다. 그래서 또 책이라는, 새로운 것에 도전해보려 한다. 한 자리에 머무르지 않도록.

숲스러운 사이

제주 환상숲 숲지기 딸이 들려주는 숲과 사람 이야기

초판 1쇄 발행   2023년 8월 21일

지은이   이지영
펴낸이   신민식
펴낸곳   가디언
출판등록   제2010-000113호

CD   신현숙
마케팅   이수정
디자인   미래출판기획

종이   월드페이퍼(주)
인쇄·제본   (주)상지사P&B

주소   서울시 마포구 토정로222 한국출판콘텐츠센터 401호
전화   02-332-4103
팩스   02-332-4111
이메일   gadian@gadianbooks.com
홈페이지   www.sirubooks.com

ISBN   979-11-6778-093-5(03810)